40

세의
보건체육

미츠바 지음
이재경 옮김

health and physical
education
for over forty

KB078977

머리말

이 책은 '여자친구가 생긴다는 결과'만을 얻기 위한 방정식을 제안, 모색하기 위한 것이 아닙니다.

무엇보다 '여자친구가 생긴다'라는 것은 어떤 행위나 감정의 결과일까요? '여자친구가 생긴다'는 '여자친구가 있으면 좋겠다'라는 자신의 기분을 토대로 '여자친구를 찾아서', '만나서', '맺어진다'와 같은 단계로 나눌 수 있습니다.

'여자친구가 있으면 좋겠다'라는 맨 처음 단계는 문자 그대로 자기 내면에서 느끼는 감정입니다. 이 감정을 깊게 파고들어가면 '외롭다', '섹스하고 싶다', '함께 취미생활을 즐기고 싶어', '내 아이가 있으면 좋겠다'와 같은 여러가지 이유와 고민에서 만들어졌을 것입니다. 이러한 근본적인 고민은 꼭 여자친구를 만들어야만 해결 가능한 것은 아닙니다.

여자친구가 생긴다는 결과만을 쫓는다면 극단적으로 상대방에게 맞추거나, 심리학이나 인간행동을 분석함으로써 어느 정도 가능성을 높여서 효율적으로 누군가와 사귈 수 있을지도 모릅니다. 하지만 '왜 여자친구가 필요한가', '여자친구가 생기면 무엇을 하고 싶은가'와 같은 점을 이해하지 않은 채 상대를 찾는다면 설사 사귄다 하더라도 여러 부분에서 생기는 차이로 인해 결과적으로 연애가 오래가지 못하거나 서로에게 상처를 입힐 위험성이 커지기도 합니다.

또한 자신을 이해하는 것은 구체적으로 취할 행동이나 전략을 최적화하는 것으로도 이어집니다. 만나고 사귀는 것과 같이 실제로 이성과 맞닿는 과정으로 이어졌을 때 '나는 내 아이를 원해서 만남을 추구하고 있다'와 같은 자신의 연애에 대한 행동배경을 바탕으로 파트너(후보 포함)와 관계를 이어 나갈 수 있기에 가치관이나 미래에 대해 어긋남이 없는 사람을 만날 가능성을 높일 수도 있습니다.

30대 이후에는 남녀 모두 연애를 하면 결혼이라는 현실이 다가오게 됩니다. 그래서 상대를 고를 때는 짧게 사귀는 것이 아닌 오랫동안 사귈 수 있는 사람을 찾고 '이러려고 연애한 건 아닌데'라는 일은 가능한 한 피하고 싶어집니다. 또한 40을 불혹이라 부르듯이 30대를 넘어가면 자기 자신이 어느 정도 안정되기 마련이니 자기 분석을 바탕으로 한 행동은 오랫동안 사귈 수 있는 상대를 찾으려는 점에서는 매우 유용합니다.

이 책에서는 만남의 기회가 많은 현대사회에서 자기 자신에 대한 이해를 바탕으로 서로를 존중할 수 있는 상대를 발견해서 관계를 구축하고 유지하는 방법에 대해 생각해보겠습니다.

제 4 장 어른의 섹스

4th chapter: Adult sex

제 5 장 어른의 연애, 관계

5th chapter: Adult relationship

40세의 보건체육
health and physical education for over forty

1st chapter :
Love and age

제1장
나이와 사랑

휴우 다녀왔어….

오늘도 잔업 때문에
자정 넘었네… 피곤해….

컵라면이나 먹고 자자….
응?

오·엑!!

오늘 생일이잖아!

와타나베nabe 씨의
독신생활입니다

마흔 살…
하나도 안 좋아!
남의 속도 모르고
풍선이나 날리냐!

그렇구나…
드디어 나도 마흔 살….

페이스북

우——웩!!

눈이 썩겠네!

가족사진!!
애들 중학교 입학식!!
심지어는
애들 성인식까지?!

일부러 안 봤지만
동창들은 요즘에
뭐하고 있을까….

타악!!

그에 비해 나는

독신에 여친도 없고
생일날에 컵라면….

사랑의 여신이라니…
구린 애니메이션
설정 같은데?!

그걸 불러낸 게
구린 중년인 바로 너라고.

마흔 살…
불혹이라고 하지만
그래서 생기는 고민이 있는 것도
사실이지.

독신…

사회적 편견…

부모의 압력….

하고 싶었던 결혼~~!
갖고 싶었던 귀여운 처자식~~!!

졸업식 할 때처럼
하지 마!!

독신이 뭐 어때서…!

세상의 상식에
사로 잡히고 싶지 않았어….

하지만 이 벗어날 수 없는
외로움, 돌이킬 수 없는
절망감….

내 인생 이대로
끝나는 걸까…?

'40세=불혹'은 이제 옛말?

공자가 이야기한 '40세에 흔들리지 않았으며'는 현대에도 적용이 되는 걸까요? 결론은 NO입니다.

물론 공자의 시대와 비교해서 수명이 비약적으로 늘어났기에 상대적으로 40세가 젊다는 사실도 있습니다. 하지만 그것보다 40세 정도의 연령층에 대해 변화를 준 것은 사회 환경입니다.

현대 사회는 어떤 삶의 방식이건 어느 정도는 인정을 합니다. 사는 곳도 직업도 그리고 연애도 자유입니다. 게다가 선택지도 넓으며 그 어떤 지식이나 사람과도 인터넷으로 연결할 수 있는 가능성이 있습니다. 이러한 인생

의 옵션이나 선택지가 잔뜩 준비된 세계에서 '망설이지 마'라는 것이 오히려 이상한 이야기입니다.

오히려 현대 사회에서는 망설이는 것을 전제로 하고 그래도 앞으로 나아가고 걸어가며 자기 나름대로의 답이나 하고 싶은 일을 찾는 것이 자연스러울 것입니다. 그렇다고 무턱대고 여러 가지를 시험해보는 것은 30세 이후와 같이 시간이 한정된 세대에게는 어려운 일입니다. 고민하며 선택한 끝에 얻은 결과에 대해 얼마만큼 납득할 수 있는지는 얼마나 자신의 의지로 납득하며 선택해왔는지에 달려 있습니다. 그리고 납득을 수반한 선택에는 '자신의 목적이 무엇인가, 난 어떻게 되고 싶은가'와 같은 자기분석이 반드시 필요합니다.

망설이는 것을 전제로 앞으로 나아가야 하는 것은 현대 사회의 연애 역시 마찬가지며 인터넷이나 매칭 어플리케이션, 결혼정보 사업의 융성으로 만남에 관한 환경이 극적으로 좋아졌습니다. 하지만 수단이나 선택지가 늘어난 세계에서는 이를 능숙하게 사용하기 위해서 자신의 의사가 더욱 중요하게 될 것입니다. 또한 어른의 연애나 결혼은 인생설계의 일부이기에 결과에 대해 얼마만큼 납득하는지는 이후의 인생을 얼마나 충실하게 보낼 수 있는지를 좌우합니다.

자신이 무엇을 위해 어떻게 되고 싶어서 연애와 마주하는 것인지 정리한 다음, 그래도 다가올 갈팡질팡할 미래를 즐기면서 앞으로 나아가시기 바랍니다.

결혼도 연애도 필요 없다?

공자의 『예기 곡례상』에는 '삼십왈장유실(三十曰壯有室, 30세가 되면 '장'이라고 하며 아내를 가진다)'이라는 말이 있습니다. 30세가 되면 결혼하는 것이 당시에는 일반적이며 일종의 상식이었을 것입니다.

하지만, 여러분도 잘 알다시피 오늘날 30세에 결혼을 한다는 것이 반드시 상식이라 할 수는 없습니다. 2015년도 일본 국세조사에 의하면 30세 남성의 미혼율은 55.0%, 30세 여성의 미혼율은 41.9%입니다. 또한 40세의 경우에도 남성은 31.4%, 여성은 20.5%가 미혼입니다.

이와 같이 현대 사회에서 30세, 40세에 결혼하지 않는 것은 극단적인 소수파가 아닙니다. 이 배경에는 여러 가지 사회적 요인이나 현시대를 살아가는 사람들의 심리적인 작용이 복잡하게 얽혀 있습니다. 하지만 무엇보다 결혼이 더 이상 사회적인 의미에서 상식이 아니게 된 사실은 결혼과 연애에 대해 '원래 결혼이나 연애는 필요 없는 것 아닌가?'라는 의문을 싹 틔우는 토양이 될 것입니다.

하지만, 여기서 이야기하고 싶은 것은 이러한 '사회가 이러니까'와 같은 사실에 안이하게 휩쓸려서는 안된다는 점입니다. '주위에서 이러니까'가 아니라 무언가 얽매이는 것이나 사연이 없다고 가정하고 자기가 결혼을 하고 싶은지 연애를 하고 싶은지, 그로 인해 어떤 점에서 만족하는지를 생각하고 솔직하게 행동에 옮기는 것이 중요합니다. 생각도 안하고 가능성을 짓밟는 것만큼은 절대악이라 할 수 있겠습니다.

Column

부모의 압력

부모님이나 나이 많은 친척들은 때로는 자신들의 인생을 기준으로 다른 사람에게 조언하기도 합니다. 30세 이후의 어른은 그들에게 있어 '가정을 가지고 자립을 해야 할 존재'라며 과거의 상식에 비추어서 결혼이나 맞선을 권할지도 모릅니다.

이러한 외압을 납득하지 않고 받아들이면 원한을 남길 수도 있습니다. 예를 들어 '부모가 결혼하라고 했으니까'와 같은 계기로 결혼 상대를 찾더라도 '곰곰이 생각해보니 나도 이제 쓸쓸하니까 결혼을 하고 싶네'와 같은 납득할 만한 이유가 반드시 필요합니다. 설사 망설이더라도 자기의 일은 자기 스스로 결정한다는 기본은 어른이라면 연애와 결혼에 대해서 더더욱 필요하게 될 것입니다.

모티베이션 저하

30~40대의 어른에게 있어 결혼과 연애의 가장 큰 장애물은 어떠한 일을 접할 때의 모티베이션 저하입니다. 어른이 된다는 것은 쌓아 올린 나이에 의해 축적된 경험이나 자신이 가지고 있는 상식에 자기 자신이 둘러싸이는 일이기도 합니다.

이러한 경험이나 사고 방식, 성격은 '자기 자신'을 성립하는 데 도움을 주는 한편, 새로운 일에 도전할 때는 방해가 되기도 합니다. 과거에 실패한 연애를 뒤돌아보며 '어차피 무리였지'라고 생각하거나 '남자가 여자한테 접근하는 건 경박한 남자나 하는 일'이라며 연애에 대해 능동적인 태도를 자기 스스로 부정하는 일은 그야말로 지금까지 길러온 자신의 경험이나 상식에 의한 결과입니다.

경험에 의해 자기 자신을 확립하는 것은 정확한 판단을 내리는 기준이 되는 것과 동시에 실패 경험이 두드러져서 새로운 일에 대해 내키지 않게 되는 것 역시 사실입니다. 어른이 되면 될수록 이와 같은 경향이 강해져서 '귀찮으니까 그만 둬야지'와 같은 생각에 빠지기 쉽습니다.

또한 어른이 된다는 것은 감정이 쇠퇴하는 일이기도 합니다. 많은 경험을 쌓음으로 자극에 의해 얻어지는 감정에 익숙해져서 새로 경험하는 일에 대해 젊을 때보다 마음이 움직이는 기회가 줄어들기 마련입니다.

그 결과 예를 들어 '예전처럼 취미를 즐기기 힘들어졌다'라면서 지금까지 정열을 쏟아 부었던 취미에 대해 관심이 사그라지기도 합니다. 물론 기존의 환경에 대해 감정적으로 되는 일도 줄어들기 때문에 새로 무언가를 하려 해도 내키지 않게 됩니다.

과연 이것으로 괜찮을까요…….

취미를 즐기거나 어떤 일에 몰두한 일을 기억해내시기 바랍니다. 돌아보면 그때 여러분의 마음은 빛났을 것입니다.

연애 결혼에 대해 이야기하자면 지금의 환경은 과거 10년과 비교했을 때 극적으로 변화했습니다. 매칭 어플리케이션 등의 시스템이 충실해진 것뿐만 아니라 결혼이나 연애에 대한 사회적 상식도 변해가고 있습니다.

연애, 결혼을 지금 시작하는(다시 시작하는) 것으로 새로 깨닫게 되는 일이나 즐거움을 통해 지금까지 느끼지 못했던 감정의 흥분을 느낄 수 있습니다.

물론 새로운 취미를 시작하거나 새롭게 다른 친구를 만남으로 감정의 쇠퇴를 막는 것도 방법 중 하나일 것입니다. 하지만 이런 것과 비교하더라도 적극적으로 행동해서 평생을 같이할 반려자를 얻거나 후대로 생명을 이을 수도 있는 연애, 결혼의 장점과 이점은 매우 막강합니다.

만약 연애나 결혼에 대해 조금이라도 긍정적으로 생각한다면 지금 당장 움직여야 합니다. 나이에 의한 감정의 쇠퇴나 모티베이션 저하는 나이가 들수록 점점 더 악화됩니다.

그리고 모든 일에 대한 모티베이션도 없어지면 전신에서 해탈을 한 듯한 분위기를 풍기게 됩니다. 이렇게 되면 점점 악순환에 빠지게 되어 마법사를 뛰어넘어서 요정이 되고 말 것입니다.

Column

정신적으로 나이를 먹는다는 것

나이가 들면서 생기는 감정의 쇠퇴는 때로는 다른 사람에게 긍정적인 인상을 줄 때도 있습니다. 모티베이션이 낮아서 능동적이지 않은 생각을 가지게 되더라도 이러한 태도를 '침착하다'고 상대방이 느끼는 경우도 있습니다.

나이가 들면서 얻은 사회경험을 바탕으로 정확한 판단을 내리거나 조언을 할 수 있는 것은 결코 마이너스 요소가 아닙니다. 만날 수만 있다면 정신적으로 나이를 먹은 것이 플러스로 작용해서 장점으로 바뀔 수도 있습니다.

미래에 대한 불안과 일

많은 어른들에게 있어 가장 긴 시간을 보내는 장소는 직장이며, 가장 오랫동안 함께 지내는 사람은 직장 동료입니다.

사람이 많은 시간을 보내는 환경에서 큰 영향을 받는 일은 피할 수 없으며 어른의 가치관은 소속한 직장의 다수파에 가까워질 수도 있을 것입니다.

직장에 결혼이나 연애에 대해 전향적인 분위기가 넘쳐난다면 문제가 없습니다만, 만약 주변 분위기가 그렇지 않다면 문제가 됩니다. 이러한 분위기는 '주변에서 결혼도 안 했고 여자친구도 없으니 괜찮겠네'라고 자기생활을 납득하는 일로 이어지기 마련입니다.

물론 이와 같이 비슷한 처지의 사람들끼리 모여서 서로 아픔을 나누는 일은 일시적으로 마음이 가벼워질 수는 있겠지만, 자신의 마음속에 연애, 결혼에 대한 긍정적인 감정을 품고 있다면 나중에 '그때 움직였더라면'과 같이 후회하게 될 뿐입니다.

무엇보다 연애에 있어 부정출발은 없습니다. 자신이 영향을 받는 가치관을 잊어버리고 한 발짝 떨어진 시선으로 자신은 연애를 하고 싶은지를 확인하는 작업을 하는 것 역시 중요합니다. 그리고 자신의 욕구가 주위의 가치관과 차이가 나는 경우에는 주위에 신경을 쓰는 것보다 한 발 앞으로 내딛는 일을 먼저 생각해야 합니다.

Column

주위 환경과 상식

주위 상식이나 행동에 반하는 일을 할 때 가장 높은 장애물은 바로 '꺼림칙함'입니다. 만남이 없고 여자 친구가 있는 사람이 주변에 없는 환경에서는 만남을 간절히 원하더라도 실제로 움직이지 못하는 것은 자기가 몰래 빠져나오는 것 같은 기분이 마음속에서 생기기 때문입니다.

하지만 냉정히 생각해봅시다. 자기가 가족을 만드는 일을 목표로 하고 행복해지려는 일에 대체 무슨 잘못이 있을까요? 여자 친구를 만들고 결혼을 한다라는 지극히 사적인 일에 대해서 주변 사람들의 눈치를 봐서는 안 됩니다. 그리고 자칫하면 꺼림칙함에 미련을 남기고 행동으로 옮기지 못하는 사이에 나를 제외한 주변 사람들은 모두 결혼할 수도 있습니다.

나이와 체력

30~40대를 경계로 체력 저하를 실감할 수밖에 없는 상황에 직면하게 됩니다. 그리고 '체력이 떨어졌다'라는 것은 바꿔 말하자면 운동을 하고 나서 계속해서 피로하고 감기가 나을 때까지 시간이 많이 걸리고 숙취가 점점 심해지고 기름진 음식을 먹고 체한다 같은 말로 표현할 수 있습니다.

이와 같은 체력 저하는 연애, 결혼과 연관되어 있으며 영향을 주는 것은 체력 그 자체의 기준선이 저하하는 것뿐만 아니라 정력의 저하도 예를 들 수 있습니다.

하지만 정력이 떨어지는 것이 무조건 나쁜 것만은 아닙니다. 성욕에 휘둘리지 않는다는 것은 냉정하게 자신을 바라보거나 판단할 수도 있다는 뜻입니다.

그렇다 하더라도 체력의 저하는 물리적으로 행동할 수 있는 한계가 낮아지는 것뿐만 아니라 정신적으로 '나는 쇠퇴했다'라고 인식하게 되어 마음의 건강까지 해칠 수도 있습니다.

그래서 지금 상태의 체력을 유지하는 정도의 운동이나, 피트니스나 수영장을 이용한 트레이닝을 실시하는 것을 추천합니다. 또한 연애나 결혼에 이르기까지의 행동은 여러 가지 포인트에서 물리적인 의미로 체력을 요하게 될 것입니다. 다가올 데이트와 생활 리듬의 변화를 버틸 수 있는 체력을 길러두는 일도 중요합니다.

Column

health and physical education for over forty

취미에 대한 열정

나이가 들수록 취미에 대한 모티베이션을 유지할 수 없게 되었다 같은 이야기를 종종 듣게 됩니다. 하지만 이러한 취미에 대한 열정의 저하는 다른 사람에게는 '패기가 없다', '정력적이지 않다'와 같이 보일 수 있습니다. 취미조차도 적극적이지 못한(귀찮게 생각하게 되었다) 정신 상태 자체는 다른 사람들 눈에도 보이기 마련입니다.

만약 지금까지 열중해왔던 취미생활에 대해 갑자기 모티베이션을 유지할 수 없게 되었다는 자각이 있다면 자기 자신의 대외적인 매력이 저하되지는 않았는지 검토해봐야 합니다. 활력은 의지할 만한 가치나 자신감 있는 태도와 연결되고 이성에 대한 매력과 명확하게 연동됩니다.

일반적인 행복과 자신의 행복

행복의 기준은 사람마다 다릅니다만, 연애, 결혼에 대해서는 사람마다 기준이 더욱더 다릅니다.

먼저 일반적으로 통용되는 연애, 결혼에 관한 행복은 버블 경기 붕괴 이후에 크게 변화했습니다. 소득의 감소와 결혼율이 상관관계에 있다는 생각에서 알 수 있듯이 소득의 감소는 연애나 결혼을 하지 않는 선택지를 사회에 들이밀었습니다.

그 결과 연애나 결혼 따위 하지 않는 편이 좋다는 규범조차도 현실에서 역산되어 등장했을 가능성도 있습니다.

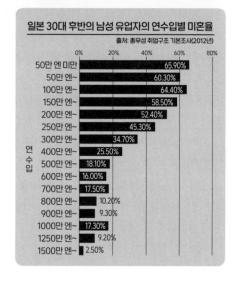

하지만 이러한 현실을 받아들이는 일은 개인이 각자 생각하는 행복과 똑같은 것일지요? 일반적으로 어떻게 생각하든 자신이 생각하는 행복을 근거로 행동했으면 좋겠습니다.

Column

자신의 진정한 마음

연애나 결혼을 진짜로 하고 싶은가 라는 마음을 객관적으로 이해하는 일은 어렵습니다. 하지만 '어차피 잘 안될 거니까', '그래 봤자 재미없겠지'와 같이 처음부터 단정짓는 마음이 조금이라도 있는 경우에는 주의해야 합니다. 그리고 '주변에도 다들 여자친구가 없는데'와 같은 동조감정도 주의해야 합니다(※).

우선 먼저 체험해보고 자신의 마음을 재확인해도 늦지 않습니다. 어떠한 결과가 남든 거기서 얻은 경험은 반드시 자기 자신의 양식이 될 것입니다.

※참고로 내각부의 결혼, 가족형태에 관한 조사보고서에 따르면 30대 미혼 남성의 약 27.4%가 여자친구 없는 기간=나이 입니다.

사회적 신용과 연애&결혼

결혼이 어른에게 있어 사회에서 신뢰받기 위한 요소로 자리잡았던 시대가 있었습니다. 결혼 후 여성은 전업주부가 되고 가족을 부양하는 남성이 많았던 시대에는 결혼이란 가족을 부양할 만큼의 수입을 벌어들인다는 증거가 되었습니다.

또한 가족이 생기는 일이 어떤 의미로는 극단적인 행동을 막는 안전장치와 같은 역할을 했던 것 역시 사회적 신용과 연관이 있었습니다. 가족이 있으니까 쉽사리 일을 그만두지는 못할 것이라며 승진 가능성이 높아지는 것 역시 그 일례라고 할 수 있습니다.

하지만 여성이 결혼했다고 해서 전업주부가 되지 않는 경우도 상당히 많으며 오히려 결혼하고

나서 여성이라 하더라도 사회에서 활약하는 것을 정책적으로 장려하고 있습니다. 일에 있어서 결혼의 힘 역시 현대 사회에서는 약해졌습니다. 자신에게 잘 맞는 회사로 옮기는 일 역시 흔한 일이며 결혼했다고 예전만큼 우대받는 일도 없을 것입니다.

이와 같이 현대 사회에서 결혼이 극단적인 사회적 신용과 이어지는 일은 없습니다. 하지만 결혼 안 한 어른을 기이한 눈으로 쳐다보는 일은 없어졌지만 결혼을 했기에 어느 정도 사회적 신용을 얻는 일 역시 사실입니다.

위와 같은 일의 근원적이며 강한 논거가 되는 것은 결혼해서 자식을 만드는 일이 사회의 존속에 반드시 필요하기 때문입니다. 하지만 사회의 존속에는 다양성을 인정하는 일도 중요하며 자유를 선택하는 권리가 인정받는 것이 성숙한 사회라는 새로운 사회인식과 대립하게 됩니다.

이러한 연애, 결혼을 하든 안 하든 자기 마음대로 해도 좋으며 굳이 말하자면 하는 편이 신용을 얻을 수 있다는 미온적인 현실은 자칫하면 연애, 결혼을 회피하는 현상을 일으킬 수도 있습니다. 하지만 한편으로는 연애, 결혼은 혼자서는 얻을 수 없는, 사람과 이어지는 것으로 얻는 행복이라는 더없이 큰 이점을 가지고 있습니다.

연애의 시작과 나이

결론부터 말하자면 연애를 시작하는 것은 빠르면 빠를수록 좋습니다. 이른 시기에 실패한 경험을 쌓아서 어떻게 연애를 진행시키는지 체득하고 최종적으로 결혼에 이른다 라는 흐름은 부정할 방법이 없습니다. 따라서 연애에 대한 긍정적인 생각이 조금이라도 들기 시작했다면 시급히 행동에 옮기는 것이 중요합니다.

빠른 시작이 중요하다는 것은 아주 명백한 일입니다만 시작이 늦었다고 해서 이미 늦었으니 아무것도 얻지 못하는 일은 없습니다. 빨리 시작했기에 만날 수 있는 기회가 상대적으로 많아진다는 외적인 환경에서 차이가 생길 가능성은 있지만 여자 친구를 만들기 위한 지식이나 기술의 습득과 같은 자기 자신이 조정할 수 있는 영역에서는 시작하는 나이에 따라 큰 차이가 없습니다.

무엇보다 연애와 관련된 지식이나 기술에 대해 이야기하자면, 극단적으로 인기가 많은 사람과 같은 동떨어진 목표가 아니라 '여자 친구 1명을 만드는 일'을 목표로 하는 경우에는 습득에 걸리는 시간이 그리 길지 않을 것입니다. 연애를 빨리 시작한 사람들이 중고등학생 때부터 실패 경험을 쌓아서 배운 주관을 기초로 한 연애 방식은 체계화를 시키면 배우는 데 일주일도 걸리지 않을 것입니다. 이러한 연애 방식을 능숙하게 쓸 수 있을 때까지 짧으면 3개월, 여유를 잡더라도 6개월 정도 실천하면 여자 친구가 생길 가능성이 충분합니다.

Column

일부러 도전

어른이 될 때까지 연애와 거리를 두고 산 사람에게 있어 어떤 이야기를 듣고 갑자기 지금까지의 연애에 대한 태도를 바꾼다는 것은 확실히 어려운 일입니다. 무엇보다 무언가의 원인으로 인해 연애에 대해 귀찮아진 사람도 있을 것입니다.

하지만 일부러 평소에 멀리했던 일을 시작하는 것으로 여자친구가 생길 뿐만 아니라 새로운 발견이 있을지도 모릅니다. 그리고 분명히 이야기할 수 있는 것은 여자친구가 생기게 되면 지금까지 인생을 살아오면서 경험한 여러 가지 일과 비교해도 매우 높은 수준의 행복을 느끼는 순간이나 충실함을 느끼는 순간이 반드시 찾아올 것입니다.

정말로 단 한순간이라도 연애를 해보고 싶다는 기분이 든다면 일단은 뛰어드는 일을 강력히 추천합니다.

마음을 다잡는 일은 언제든 가능하다

어른이 되고 나서 하는 연애에서 가장 큰 장애물은 '시작해볼까', '한번 해볼까'와 같은 마음을 잡는 일이 어렵다는 것입니다. 그 이유는 연애가 자신에게 있어 미지의 영역일 경우, 앞으로 해야 할 일이나 겪어야 할 고생을 예측하기 어렵기에 '왠지 힘들 것 같다'고 생각하기 때문입니다.

그래서 연애에서 멀어진 혹은 연애가 미지의 세계인 사람들의 경우에는 너무 긴장을 하지 말고 일단은 움직여서 "경험하는 일"에 중점을 두는 것도 좋습니다. 현대 사회의 연애에 대한 환경에는 이러한 가벼운 수요에도 대응한 서비스도 있습니다. 예를 들자면 매칭 어플리케이션을 사용해서 일단은 가벼운 마음으로 등록하고 인터넷 상에서 이성과 만나는 기회를 찾아보는 일이 있겠습니다.

물론 '마음을 다잡아 볼까!'라며 단숨에 마음먹고 연애를 시작해보려는 사람도 있을 것입니다. 이 경우에는 장황하게 마구잡이로 덤비다가 아무것도 얻지 못하는 일은 피해야만 합니다.

마음먹고 진지하게 집중하는 쪽이 좋은 사람은, 기한을 세우고 주위의 환경을 연애, 결혼 모드로 바꾸는 편이 좋습니다. 일단 기한을 세우는 일은 '2개월 이내에 데이트한다', '1년 이내에 사귀기 시작한다'와 같은 목표를 세우고 스케줄을 클리어한다는 생각으로 마음을 다잡는 편이 좋습니다.

또한 환경을 바꾼다는 것은 자신을 도망치기 어려운 환경으로 몰아넣는 일이기도 합니다. 예를 들어 결혼정보회사에 가입 신청을 해서 돈을 지불하거나, 주위에다가 여자친구를 만들겠다고 이야기를 하는 일 등이 어떻게 해서라도 연애, 결혼으로 자기 자신을 몰아가기 위한 방법입니다.

마음을 다잡는 일은 언제든 가능하다는 사실만을 생각하는 것보다, 다잡는 일이 언제든 가능한 만큼 마음을 다잡기 가장 쉬운 방법을 모색해서 가능한 한 빨리 마음을 다잡아서 연애, 결혼을 향해 나아가는 것이 중요합니다.

나이를 먹는 것과 무거운 엉덩이

나이를 먹어가면서 물리적으로나 정신적으로나 어떤 일을 시작할 때 좀처럼 일을 시작하지 못하게 됩니다. 나이를 먹어가면서 굼떠져서 연애나 결혼을 귀찮게 생각하거나 신중해지기 마련입니다.

연애에 대해서 귀찮해하는 생각을 털어내고 행동으로 옮기더라도 마음속 한구석에 있는 '만사가 귀찮아서 움직이기 싫음'은 연애의 성공에 악영향을 미칩니다. 연애를 시작하게 되면 결단이나 판단을 내려야 할 일이 계속 생기기 때문에 계속해서 행동을 해야 합니다. 큰 마음을 먹고 매칭 어플리케이션에 등록을 했다 하더라도, 이후에도 어떤 여성과 대화를 하고 데이트나 식사로 연결시킬 수 있을지를 생각해야만 합니다.

이러한 전반적인 의미에서의 날렵한 풋워크는 연애를 하는 데 필수라 할 수 있습니다. 만약 그렇지 않으면 예를 들어 맞선 사이트에 등록은 해놨으나 결국에 다음으로 이어지지 못하고 아무런 소득 없이 끝나는 일도 일어날 수 있습니다.

특히 어른이 되고 나서 시작하는 연애에서는 '40세가 될 때까지의 3년 안에 결혼한다'와 같은 목표까지의 기간이 짧기도 합니다. 이런 경우에는 단기간에 여러 가지 경험을 쌓는 일이 당연히 필요하게 되는 만큼 둔한 풋워크는 치명적일 수도 있습니다.

또한 여성의 시선에서도 날렵한 풋워크는 생기 넘치는 인상을 줄 수 있기에 교제를 시작하는 단계에서 '의지할 만한 사람이다', '이 사람하고 같이 있으면 재미있어'와 같은 긍정적인 인상을 심어줄 것입니다.

Column

'여자친구가 안 생긴다'의 반대말은 '플레이보이'가 아니다

'날렵한 풋워크'란 말이 '손에 잡히는 대로 여성에게 접근하는 날라리 같은 남자'를 가리키는 것은 아닙니다. 모든 일에 있어서 연애 역시 적극적으로 접근하는 점에서는 비슷하기는 하지만 결정적으로 다른 것은 '상대와 사귈 때 진심으로 대하는가'라는 윤리적인 시점입니다.

'여성과 서로 알아가는 일' 자체는 나쁜 것이 아니며 '알게 된 여성을 자기중심적인 생각으로 상처 입히는 일'을 피하면서 긍정적인 생각을 가지고 행동으로 옮겨야 합니다.

'어른'이기에 가능한 일

어른이 되었기에 가능한 일은 점점 늘어납니다. 행동 가능한 범위도 넓어지고 비교적 자유롭게 돈을 쓸 수 있게 되고 좋아하는 일은 내키는 대로 할 수 있는 것이 어른입니다.

하지만 어느 정도 나이를 먹고 나면 주위 사람이나 친구들에게 가족이 생겨서, 지금까지 해왔던 것처럼 같이 취미를 즐길 수 있는 사람들이 줄어들기도 합니다.

주변에 이해해주는 사람들이 없어져서 자기 내키는 대로 행동을 하는 것에 가속도가 붙어서 너욱더 자유를 만끽하는 환경이 갖춰지는 경우도 있습니다.

하지만 이러한 자유로운 환경은 연애에 있어서는 다소 불리하게 작용하기도 합니다. 연애를 통해 다른 사람과 마주하게 되면, 정도의 차이는 있지만 상대방에 맞추거나 부자연스럽다고 생각할 정도의 국면을 완벽하게 피할 수는 없습니다.

어른이기에 자유를 만끽하고 있는 사람에게 있어서는 혼자서 가능한 일뿐만 아니라 상대가 있기에 얻을 수 있는 가치에 눈을 돌리는 일도 중요합니다.

또한 어른이 됨으로써 연애를 더욱 하기 쉬워집니다. 이는 사회적 흐름에서 '나이도 찼으니 여자친구 한 명 정도는'과 같은 분위기를 반대로 이용하는 방법입니다.

예를 들어 중고등학생 때라면 여자친구를 만들려고 필사적으로 노력하면 '여자에 목숨 건다'고 놀림을 당할 수 있습니다. 하지만 어른이 되면 오히려 연애에 대해 적극적인 편이 사회적으로 쉽게 받아들여질 수 있습니다.

또한 이러한 사회적인 분위기의 변화를 이해한다면 연애를 하기 위해 행동할 때 생기는 부끄러움도 어느 정도 털어낼 수 있습니다.

'머리로는 알고 있는'일을 실행하자

머리로는 알고 있는 것과 실행에 옮기는 일의 사이에는 커다란 차이가 있습니다. 특히 어른의 연애에 있어서는 행동할 수 없는 이유로 '어떤 성과를 얻을지 상상을 못한다'라는 점을 들 수 있습니다.

연애에서 멀어져 있거나 지금부터 시작하려는 사람에게는, 여자친구를 만든다는 목표를 정하더라도 이를 달성할 수 있을지에 대해서는 시작할 때는 알 수가 없습니다.

어떻게 될지 알 수 없는 일에 대해 시간을 들이거나 상처입을 위험을 감수하고 행동하는 것은 확실히 무서운 일입니다. 그래서 연애를 하는 데도 다이어트 때처럼 일단은 3킬로그램만 빼자 같은 세부적인 목표를 세우는 것이 중요합니다.

일단은 여성과 식사를 한다, 매칭 어플리케이션에서 메시지를 3번 왕복해서 주고받는다 등등 달성하는 데 무리가 없는 수준까지 목표를 세분화합시다.

또한 세부적인 목표를 세울 때 행동의 내용을 정량화해서 돌이켜 볼 수 있는 상태로 만드는 것 역시 요령 중 하나입니다. 예를 들어 하루 5분은 매칭 어플리케이션을 본다 같이 목표를 달성했는지를 손쉽게 확인할 수 있는 숫자로 정량화하는 것을 추천합니다.

Column

health and physical education for over forty

상대방을 컨트롤한다?

연애를 시작하는 데 있어서 지식이나 방법을 이해하는 일은 중요합니다. 하지만 연애에 관한 지식의 적용, 특히 심리학 등을 응용한 지식은 어떻게 보면 '사람을 자기 마음대로 컨트롤하는 것'이기도 합니다.

이와 같은 연애에 대한 지식의 이용은 연애의 성공이라는 의미로 봤을 때는 지름길입니다. 하지만 이러한 잔재주에 의존하면 진정한 자기 자신을 상대방에게 보여주기가 힘들어지거나 사귀기 시작해서 '본 모습'을 보여주고 나면, 알고 지내기 시작한 때와 전혀 다른 인격이라고 생각할 정도로 폐해가 있기 마련입니다.

상대를 컨트롤하려 하지 말고 자신을 잘 표현하고 상대방의 입장이 되고 나서 자신이 얼마나 좋은 존재인가를 호소하도록 합시다.

40세의 보건체육
health and physical education for over forty

2nd chapter :
Adult encounter

제 2 장
어른의 만남

깜짝 놀랄 만큼 만남이 없네!
깜짝 놀랄 만큼 만남이 없네!

역시 여자친구는 무리야, 포기하자.

아직 아~무것도 안 했거든.

무엇보다 사람을 만날 수 있는 곳을 안 갔으니 당연한 거 아니야.

요즘에는 결혼활동도 유행이고 인터넷이 보급되어서 만남의 장도 넓어졌다고.

더욱 넓어지는 결혼활동 시장
• 결혼 정보 사이트
• 결혼활동 파티
• 지자체 미팅
• 매칭 어플리케이션
• 같은 취미로 이어진 SNS
etc...

결혼활동이라… 뭔가 무서울 것 같은데.

사기꾼이나 피싱 같은….

요즘에는 신분을 제대로 밝히니까 문제없어.

일단은 해봐.

음 보자 키는 170cm… 아니 180cm.

연봉은 4…6…800만 엔!!

귀여운 스타일입니다! ☆연예인 같다는 이야기를 많이 들어요!

짜

뭐라고?

농담… 농담이야….

되도 않는 거짓말 금지!

이런 곳에서는 성실함이 중요하다고.

하지만 사진은 약간 가공해!

찰칵

찰칵

턱 당기고!

흠ㅡ 생각했던 것보다 평범한 사람도 등록하는구나.

만남을 원하는 건 여성도 마찬가지니까.

다들 바쁘니까 빈 시간을 활용할 수 있는 어플리케이션을 많이 찾는다고.

어플리케이션 ← 출근 지하철 일
어플리케이션 ← 출근 지하철 일
지자체 미팅 ← 퇴근 후
어플리케이션 ← 귀가

활동적인 예시

만남을 원하는 건 남녀 모두 마찬가지

만남을 원하는 건 남녀 모두 마찬가지입니다. 남성의 시점에서 연애를 시작하려고 하면 여성의 감정이나 행동을 무시하고 자신만의 힘으로 아무 감정 없는 존재를 자기만 바라보게 만드는 것을 연애라고 착각하는 경우도 있을 것입니다.

하지만 여성도 인간이기에 다른 사람과 이어지고 싶은 욕구나 성욕도 있습니다. 여성도 남성과 마찬가지로 연애에 대해 적극적인 감정을 가지고 있다는 점을 이해하는 것이 연애에 대해 행동할 때 여러분들 마음의 버팀목이 될 것입니다.

예를 들자면 매칭 어플리케이션에 수많은 여성들이 등록되어 있는 상황이나 헌팅 포차 등에 여성 단체 손님이 놀러 오는 일은 만남에 대해서 여성이 활발하게 행동하는 일이 사회적으로 아무 거리낌 없는 시대가 되었음을 시사합니다.

또한 여성의 연애에 대한 의욕은 흔히 말하는 결혼적령기를 경계로 단번에 가속한다고도 볼 수 있습니다. 결혼, 출산을 고려한 인생 설계를 바탕으로 역산해보면 20대 후반부터 여성의 연애에 대한 의욕은 가속할 가능성이 높습니다.

그렇다면 만나고 싶어하는 사람들이 어째서 서로 엇갈리는 것일까요? 그 이유는 매우 단순하게도 어른인 남성과 여성이 만날 '장소'라 불릴 만한 공간이 원체 적기 때문입니다.

예를 들어 고등학교나 대학교 때 여자 친구를 쉽게 사귈 수 있는 것은 무엇보다 빈번하게 남녀가 뒤섞여서 만날 기회가 많기 때문입니다. 사회인이 되면 이와 같은 상시 미팅 상태와 같은 공간에 들어가는 일이 어려워집니다.

그 결과 특히 연애에 대해 긍정적인 사람들은 만남을 추구하려 활발하게 여러 수단을 찾아냅니다. 하지만 이러한 사람들이 모이는 장소는 도쿄 내에서는 긴자 코리드 거리(헌팅 거리)와 같이 가볍게 연애를 시작할 수 있는 분위기로 가득 찬 공간입니다. 이런 장소는 애초에 연애에서 거리를 두거나 경험이 없는 남녀에게는 좀처럼 발을 들이기 어려운 곳입니다.

그래서 우선은 만남에 있어 엇갈림이 존재한다는 사실을 이해하고 소극적인 여성들이라면 어떤 행동을 취할지 상대방의 입장에서 검토해보는 일이 중요합니다.

여자친구가 생기는 방정식

여자친구가 생기는 방정식이나 공식이라 불리는 것은 주로 행동을 형식화하고 상대방의 행동이나 감정과 자신의 행동의 연관성을 정리한 것입니다. 예를 들어 단둘이 있을 때만 분위기가 다르면 평소와는 다른 점에서 호의를 가지기 쉬우며, 공포를 느꼈을 때 옆에 있는 사람에게 호의를 품기 쉬운 것 등은 앞에서 말한 공식의 전형적 예시입니다.

하지만 이러한 테크닉이라 부르는 것들은 극히 한정적인 상황에서만 사용할 수 있는 데다 나중에 상대방이 이런 기술을 썼다는 점을 알게 되었을 때는 자신의 평가가 나빠질 수도 있습니다. 상대방이 자기 마음대로 조종하고 싶어서 자신의 감정을 컨트롤하고 있다는 것을 알고서도 좋게 생각하는 사람은 없을 것입니다.

또한 흔히 말하는 연애의 방정식은 어디까지나 그 테크닉을 사용하는 상대방이 이미 존재한다는 상태를 가정하고 있으며 원래 연애나 결혼에 이르기까지 절대적으로 고려해야 할 자기 자신의 가치에 대해서는 전혀 고려하고 있지도 않습니다.

그래서 우선 생각해야 할 일은 '여자친구가 생기는 확률'을 높이기 위해 이를 좌우하는 인자를 정리하는 일입니다.

테크닉이란 '여자친구가 생기는 확률'을 좌우하는 작은 인자의 일부이며 모든 요소를 최대화하는 왼쪽의 모델이야말로 여자친구가 생기는 방정식이라 할 수 있겠습니다.

이번 장에서는 왼쪽에 기술한 방정식을 전제로 해설하겠습니다.

여자친구가 생기는 확률의 방정식

여자친구가 생기는 확률=
a_1(만남의 횟수) + a_2(얼굴) + a_3(헤어스타일) + a_4(키) + a_5(연봉) + a_6(성격)…

(a_n은 각 요소를 얼마만큼 달성했는지에 대한 계수)

마음만 먹으면 만남은 언제든 손에 들어온다

원래 이성과의 만남이란 학생 때라면 모르겠지만 멋대로 생겨나는 것이 아닙니다. 만남이라 함은 장소의 종류와 기회의 횟수를 곱한 것입니다. 이 2개의 요소에는 자기 스스로 움직여서 장소를 찾아내고 기회를 행동으로 옮기는 일이 반드시 필요합니다.

먼저 만남의 종류라는 것은 만남을 야기하는 수단을 가리킵니다. 어떤 방법으로 만날 수 있는지를 모른다면 장소를 향해 움직일 수조차 없습니다. 일반적으로는 단체 미팅이나 소개팅 등을 만남의 경로로 사용하는 것이 일반적입니다만 연애에서 멀어져 있거나 지금부터 시작하려는 어른에게는 문턱이 높을 가능성도 있습니다.

무엇보다 단체 미팅을 주선할 만한 친구나 여성을 소개할 친구가 주변에 없었기 때문에 어른이 될 때까지 연애와 거리를 두게 되었을지도 모릅니다.

또한 만남의 기회란 어떤 만남의 장소에서 몇 번 여성과 접하는가 라는 숫자입니다. 숫자를 중시하는 것은 단순하게 기회가 늘어나면 교제로 이어질 가능성이 높아진다는 점만 생각하는 것이 아닙니다. 여성과 만날 때마다 의사소통이나 거리감 등 매번 자신의 반성할 부분을 수정한 횟수가 늘어날수록 교제로 발전할 가능성이 높아질 것입니다.

Column

요즘에는 만남이 넘친다

현재 사회의 만남에 대한 환경은 극단적으로 풍부하다고 할 수밖에 없습니다. 저출산 고령화 사회와 만혼화가 진행된 것을 배경으로 지방자치단체에서 추진하는 결혼활동 이벤트나 대규모의 결혼활동 서비스의 등장과 같이 풍부한 만남의 장이 믿고 안심할 수 있는 수준으로 제공됩니다.

인터넷 상에서 볼 수 있는 만남도 이와 마찬가지로 매칭 어플리케이션을 이용하는 사용자의 증가와 함께 어플리케이션을 설치해서 1시간 안에 매칭, 당일 중 데이트 성공 같은 일도 더 이상 꿈이 아닌 시대가 다가왔습니다. 이는 '만남=음성적 매칭 사이트'라는 인식이 있었던 시대와는 비교할 수 없는 수준입니다. 이와 같이 만남에 대해 호전된 상황을 바탕으로 생각하면 '행동하는 일'이 '결과로 이어지는' 가능성은 이전과 비교할 수 없을 만큼 올라갔다고 할 수 있겠습니다.

결혼의사가 있는지를 확실하게 하자

어른의 연애에서는 결혼의사를 자신과 상대방이 어떻게 생각하고 있는지가 중요합니다. 대학생 때와 같이 젊었을 때의 연애에서는 결혼까지 의식하는 일 없이 연애를 순수하게 즐기는 경향이 있는 데 반해 어른의 연애에서는 처음부터 결혼할 상대를 찾기 위해 연애 시장에 발을 들이는 남녀가 많을 것입니다.

그래서 상대가 결혼의사가 있는데 나는 없었다 혹은 그 반대 상황에서는 설사 모처럼 연애관계를 발전시켰다 하더라도 더 이상의 진전을 기대할 수 없습니다. 또한 교제로 발전하고 나서 앞으로의 전망이 다른 것이 드러나게 되면 다툼으로도 발전할 수 있기에 주의해야 합니다.

이와 같은 미래에 대한 미스매칭은 서로에게 불행만을 안겨줄 뿐이니 적어도 자기 자신만큼은 결혼을 위해 연애를 하고 싶은 것인지 일단은 여자친구가 필요한 것인지를 확실히 해둡시다.

만남의 장에 대해서도 결혼상대를 찾는 장소나 앞으로 결혼할 수 있는 상대를 찾는 장소, 비교적 가볍게 교제 상대를 찾는 장소 등 전제가 되는 미래상이나 연애에 대해 원하는 일에 따라 서비스가 나눠지게 됩니다. 결혼의사가 있음에도 불구하고 비교적 가벼운 곳에서 여자친구를 찾아서 결국 자신의 미래에 대한 계획을 찬성해주는 여성과 만나지 못하는 것과 같은 미스매칭을 피하기 위해서라도 자기가 가진 결혼의사를 확실하게 표현하는 일이 중요합니다.

Column

나는 결혼이 안 맞는다?

지금부터 연애에 발을 들이려고 생각하는 사람에게 있어 갑자기 결혼까지 생각하는 일은 꽤나 어려운 일입니다. 하지만 이는 만난 사람과 반드시 결혼해야만 한다는 의미는 아닙니다.

어떠한 결과가 되든 연애에서 상대방과 진지하게 마주하는 일이 중요합니다. 그리고 연애에 있어서 진지하게 마주한다는 것은 교제가 끝나고 생애를 함께한다는 의미입니다.

스트레스를 받지 않는 선에서 교제와 결혼에 대해 생각을 해보는 편이 좋을 것입니다.

인기는 확률이 아닌 절대수로 생각하자

인기가 있다 라는 것은 일반적으로 불특정 다수에게 인기가 있는 것을 의미합니다. 이는 상대를 고르지 않으면 이성과 연애로 발전할 가능성이 높은 상황이라는 말과 같습니다. 흔히 말하는 인기있는 사람이란 자신을 좋게 생각하는 사람의 비율이 여성의 전체에 비해서 높다는 것일 뿐 사실은 그 어떤 사람도 수요는 있기 마련입니다.

하지만 지금까지의 사회에서는 물리적인 의미로 자신의 주변에 있는 이성밖에 알고 지내지 못했기 때문에 확률적으로 사랑받을 가능성이 높은 남성이 인기가 있다고 인식되어 왔습니다. 인터넷이 보급되고 매칭 어플리케이션을 필두로 한, 물리적인 거리를 넘어서 이성과 알고 지낼 수 있는 수단이 존재하는 현대 사회에서는 인기있다는 개념을 바꿀 필요가 있습니다.

극단적인 예를 들자면 전세계에 자신을 좋게 생각해주는 여성이 100명만 있다고 가정했을 때 예전에는 이 여성들과 만날 수 없었기에 '인기가 없다'라는 생각을 가지게 되었습니다. 하지만 자기와 맞는 여성과 만날 수 있는 서비스를 이용해서 이 100명과 만날 수 있는 상황이라면 충분히 인기가 있다고 할 수 있겠습니다.

여성에게 자신이 마음에 들 확률을 높이는 것뿐만 아니라 자신의 수요를 이해하고 자기를 좋게 생각해주는 사람과 만날 수 있는 장소를 얼마나 잘 찾아내고 행동하는지가 중요합니다.

Column

인기 절정기의 수수께끼

갑자기 이성에게 인기가 많아지는 일을 인기 절정기라고 일반적으로 부릅니다만 이는 어떤 이유로 발생하는 것일지요? 이는 집단의 의식이란 면에서 일정 부분 이해할 수 있습니다.

이성에 대한 취향이란 자신만의 감각이라 생각하더라도 어느 집단에 소속하고 있는 한 집단의 가치관에 영향을 받게 된다고 생각해도 지장은 없을 것입니다. 집단 내에 '이게 좋다'라고 정해진 이성에 대해 원하는 가치관이나 외모의 취향, 성격 등의 취향과 이러한 요소를 만족시키는 이성의 존재가 갖춰지게 되면 인기 절정기가 발생하게 됩니다.

가치관이란 단기간에 변하기 마련이며 특히 작은 집단 내부에서는 더욱 빨리 변하기 쉽기에 집단의 가치관과 인기 절정기를 맞이하는 사람이 가진 인기 요소가 어긋나게 되면 인기 절정기는 끝날 것입니다. 그래서 항상 인기있는 사람이란 것은 항상 자신이 소속한 집단의 의식에 민감하게 반응하고 집단이 '좋다'라고 생각하는 요소를 항상 만족시키는 사람이라 할 수 있겠습니다.

상대의 내면을 보자

결혼이 교제의 끝에 있는 경우가 많은 어른의 연애에서는 외모보다도 내면을 중시하는 일이 많다고 이야기합니다. 하지만 정확하게 말하자면 외모를 보지 않게 된다는 것이 아니라 외모에다가 내면도 보게 되고 어느 쪽에 중점을 두냐 한다면 내면에 중점을 두고 평가하는 편이 일반적입니다.

무엇보다 성격이나 가치관 등 가족으로 같이 살아도 괜찮은가 같은 내면은 파악을 할 때까지 시간이 걸립니다. 그래서 우선은 손쉽게 자신의 취향인지 판단이 가능한 외모로 심사를 하기 마련입니다.

하지만 외모는 나이나 복장, 여성이라면 화장으로 크게 변화합니다. 따라서 얼핏 봤을 때의 외모의 인상만으로 흥미를 가질지 안 가질지를 결정해서 선택지를 좁히는 것은 좋은 방법이 아닙니다.

특히 여성과 접한 경험이 적은 경우에는 여성의 내면에 대해 상상하기 어렵기 때문에 외모에 대한 엄격한 잣대로 상대방을 판단하는 경우도 있기 마련입니다. 일단은 외모를 제외하고 상대방의 내면을 바라보도록 합시다.

그리고 나서 자신의 외모와 내면 모두를 상대방이 본다는 점을 이해하고 적어도 불쾌감을 주지 않는 외모(플러스가 아니더라도 마이너스는 아닌 상태)를 목표로 하고 내면에 대해서는 고쳐야 할 부분을 고칩시다.

Column

나이에 맞는다는 것이란

연애에 나이는 상관이 없다고는 하지만 매칭 가능성을 생각하면 자신의 나이보다 극단적으로 어린 사람을 노린다면 성공확률은 낮을 것입니다. 특히 결혼이 시야에 들어온 어른의 연애에 있어서는 너무 나이차가 많이 나는 어린 여성의 경우 자기 자신의 결혼에 대한 미래상과 맞지 않을 가능성이 있습니다.

그래서 어른의 연애에서는 우선 자신의 나이에서 위아래로 5세 정도를 기준으로 행동을 하는 것이 좋습니다. 이 범위를 넘어선 나이차이는 미래상을 생각하기 어려워질 뿐만 아니라 어렸을 때 유행했던 것이나 자기 주변의 환경과 같은 주제에서 차이가 발생하기 쉬우니 관계가 깊어지는 데 있어서 난이도가 대폭 상승하는 것도 주의가 필요합니다.

만남을 향한 준비

구체적인 이성과의 만남의 장소를 향하기 위해서는 마음가짐이 아닌 외모를 만남에 대응시키는 것 역시 중요합니다. 다만 여기서 말하는 외모의 준비라고 해서 과도하게 준비할 필요는 없습니다. 외모는 주로 감점방식 요소이기 때문에 '적어도 불쾌감은 주지 않는 상태'를 목표로 합니다.

또한 여자친구를 만드는 데 적합한 외모에서 가장 중요한 요소는 청결입니다. 멋을 부리는 일이나 눈에 띄는 일은 당분간 필요 없습니다. 상대방에게 '이 사람이라면 괜찮겠네'라고 안심시키는 것이 필수 항목입니다.

복장, 신발

청결한 복장이란 옷 자체가 청결한 것과는 다릅니다. 옷 자체가 청결한 것에 더해서 제대로 입고 있다는 인상을 줄 필요가 있습니다.

먼저 제대로 입고 있다는 이미지에서 중요한 것은 사이즈와 색 배합이 맞는가 입니다. 이런 것을 자신이 갑자기 습득하는 일은 어렵기 때문에 인터넷에서 바로 구입하지 말고 패스트 패션 매장에서 시험삼아 입어보면서 가게 점원에게 상담하는 편이 좋습니다.

그리고 나서 만남을 추구하는 데 있어 반드시 피해야 할 아이템을 기억해두고 옷을 고르도록 합시다. 티셔츠나 데미지 데님, 반바지 등 너무 러프 캐주얼한 옷은 피하는 편이 무난합니다. 또한 옷 안감이 체크나 정체를 알 수 없는 끈이나 지퍼와 같이 옷 자체의 기능과 연관 없는 장식이 들어있는 옷 역시 피하시기 바랍니다. 이에 대한 파생으로 지갑 체인이나 은목걸이 피어스 반지도 필요 없습니다.

그리고 신발은 반드시 심플하고 때가 탄 것이 잘 보이지 않는 색상의 것을 고르고 반드시 정기적으로 닦아서 깨끗하게 유지하도록 합시다. 스니커를 고를 경우에는 복사뼈까지 뒤덮는 하이컷 농구화는 옷과 매칭하기 어려운 경향이 있으니 심플한 디자인으로 복사뼈를 가리지 않는 로우컷을 추천합니다. 그리고 샌들은 논외입니다.

헤어스타일

헤어스타일은 가능하면 미용실에서 다듬도록 합시다. 어떤 헤어스타일로 할 것인가 라는 의미에서는 짧은 편이 좋은 인상을 주는 경향이 있습니다. 얼굴 형태나 분위기에 따라 어울리는 헤어스타일이 다르기 때문에 미용사에게 '어떤 스타일이 어울리는지' 상담하고 머리를 자르도록 합시다.

또한 머리를 자를 때는 눈썹도 같이 정리하는 일도 중요합니다. 과도하게 손을 댈 필요는 없으니 '자연스럽게 해주세요'라고 부탁합시다.

안경

눈이 나쁘다고 해서 반드시 안경 대신에 콘택트렌즈를 낄 필요는 없습니다. 하지만 안경의 도수가 세서 얼굴의 인상이 망가지는 경우에는 콘택트렌즈를 낍시다. 또한 안경을 끼는 경우 오래 써서 렌즈에 흠집이 나거나 렌즈가 더러운 것은 NG입니다.

안경은 일상적으로 사용해서 쉽게 흠집이 나기 때문에 만남을 목표로 한다면 저렴한 안경 가게에서 새로 맞추는 편이 좋을 것입니다.

피부관리

얼굴의 첫 인상은 얼굴의 각 부위의 밸런스가 아니라 안색이나 피부 상태에 따라 좌우됩니다. 따라서 수염을 잘 깎고 피부가 거칠어지는 것을 막도록 합시다.

그러기 위해서는 세수는 반드시 전용 세안제를 사용하고 세수 후나 씻고 난 후에는 화장수를 사용해서 보습을 하는 것이 중요합니다. 또한 폭식·폭음에 의해 피부가 거칠어질 수 있으니 생활습관을 다시 점검해서 부스럼을 방지하도록 합시다. 물론 모자란 비타민을 보충제로 보충하는 것도 추천합니다.

냄새

구취, 채취는 평소 생활습관으로 인해 생기기 때문에 마늘이나 담배를 적극적으로 피하도록 합시다.

또한 덜 마른 옷은 악취의 원인이기에 주의가 필요합니다. 채취가 있다고 해서 향수를 뿌리는 것은 냄새를 더욱 복잡하게 만드는 일로 연결되니 뿌리지 않는 편이 무난합니다.

여성들 중에서는 '살찐 사람은 정말 싫어', '나보다 마른 사람은 싫어'와 같이 교제 상대의 체형에 신경을 쓰는 사람도 적지 않습니다. 극단적으로 살이 쪘거나 마른 경우에는 주의가 필요합니다.

건강하지 않은 인상을 주어서 만남의 가능성을 떨어트리게 됩니다. 무리한 다이어트를 할 필요는 없지만 만약 운동부족이나 칼로리 과다 섭취의 자각이 있다면 매일마다 달리거나 피트니스에 등록하고 라면이나 한밤중의 과자를 참으면서 건강체형을 목표로 합시다.

Column

health and physical education for over forty

3D는 만남에서는 절대악

연애의 출발점에서 설 때 절대로 피해야 할 요소는 '역한 냄새(Disgusting)', '더러움(Dirty)', '위험(Dangerous)'입니다.

먼저 역한 냄새란 체취, 구취를 가리킵니다. 아무리 잘생기고 연봉이 높은 남자라도 냄새만으로 단번에 포인트가 깎이고 맙니다. 구취와 관련해서는 식생활의 개선, 금연, 양치로 대응이 가능합니다. 또한 담배에 대해서는 무엇보다 담배를 피우는 습관이 있는 것만으로 NG라는 여성도 적지 않으며 그 반대는 거의 없기 때문에 금연을 하는 것이 가장 좋습니다.

더러움이란 목욕을 하지 않는다, 옷이 더러운 것은 논외로 치겠습니다. 매일 목욕을 하고 자기가 입을 옷은 반드시 세탁을 한 옷을 고릅시다. 또한 물리적인 더러움 이상으로 평가를 떨어트리는 것이 지저분한 신발과 주름진 옷입니다. 신발에 진흙이 묻었거나 거무스름하면 단번에 NG판정이 날 가능성도 있습니다. 또한 주름진 옷에 대해서도 단정하지 못한 인상을 줄 수 있기에 주의가 필요합니다. 그렇다고 해서 매일 다림질을 하는 것도 힘드니 처음부터 주름이 잘 잡히지 않는 옷을 고르도록 합시다.

마지막으로 위험이라는 것은 이 사람이 사회생활을 제대로 잘하고 연애를 해서 결혼까지 생각할 수 있는가 라는 의미에서 '위험하지는 않은가'라는 의미입니다. 일정한 직업을 가지고 있지 않거나 교우관계에 반사회적인 사람이 있거나 돈 씀씀이가 헤프거나 도박에 중독되어 있는 것 등을 위험한 경우로 들 수 있습니다. 조금이라도 자각이 있다면 이러한 요소는 연애를 시작하기 이전의 문제인 만큼 개선할 방법을 검토할 바랍니다.

만남을 대비한 자기평가

연애에 있어서 '안 좋은 총이라도 많이 쏘다 보면 맞힌다'란 말은 완전한 정답은 아닙니다. 만남의 숫자를 늘리는 것과 동시에 맞히는 확률을 높이는 일도 매우 중요합니다.

그리고 연애에 있어서 맞힐 확률을 올리기 위해서는 제일 먼저 자신의 무기를 아는 것이 가장 중요하다 할 수 있습니다. 자신이라는 상품을 제3자에게 팔기 위해서는 상대에게 어떤 가치를 제공할 수 있는지를 정리해야만 합니다.

또한 상품과 마찬가지로 어떤 사람이든 단점이 있을 것입니다. 단점이 무엇이며 어떻게 하면 단점을 지울 수 있는지 같은 이해도 중요합니다.

여기까지 써내려 간 것을 보면 알 수 있듯이 여자친구를 만든다는 전략을 세우는 측면에서 볼 때는 먼저 총을 쏘는 것이 아니라 '자기가 어떤 총을 가지고 있으며 어떤 상황이라면 잘 맞추는지를 이해하고 최적의 장소를 향해 나아간다'는 것이 가장 효율적이라 할 수 있겠습니다.

여기서는 마케팅에 사용되는 SWOT분석과 TOWS분석을 조합해서 자신의 장점과 단점을 이해하고 어떤 전략(만남의 방법)을 골라야 하는지를 생각하는 방법을 제안합니다.

먼저 SWOT분석에서는 자신의 장점과 단점, 자신 주변 환경의 좋은 점 나쁜 점을 정리합니다. 여기서는 자기 자신을 돌아보고 SWOT분석도와 같이 조목조목 자기 자신을 객관적으로 기입합시다. 특히 O(Opportunity: 기회)의 부분에는 어떤 사소한 것이라도 상관없으니 찬스가 있을 것 같은 일은 적극적으로 기입하시기 바랍니다.

또한 약점에 대해서는 '머리 숱이 적다', '연봉이 낮다' 같은 그다지 직시하고 싶지 않은

Column

객관적인 잠재력과 자신의 노력범위

연애시장에서 객관적인 평가를 이해하는 일은 매우 중요합니다. 연애에 있어서 상대방이 자신을 받아들이는 데는 자신의 형편은 전혀 고려되지 않습니다. 그래서 자신의 객관적인 평가를 이해하지 않은 채로 연애에 도전하면 상상치 못한 실패로 인해 상처를 입기도 합니다.

또한 실패가 계속되더라도 어떤 원인으로 실패했는지 알지 못해서 앞으로 나아갈 수 없는 상태가 됩니다. 그래서 자신이 처한 상황을 확실히 이해함으로써 자신이 파트너와 만날 때까지 얼마나 멀리 혹은 가까이 있는지를 이해하고 무엇을 어떻게 하면 파트너가 될 수 있는지를 생각하는 것이 결과적으로는 지름길이 됩니다.

일들이 있을지도 모르겠습니다만 솔직하게 현실을 대면해야만 결과로 이어질 수 있으니 자기 자신을 '과대평가'하지 맙시다.

SWOT분석표(매트릭스)가 채워지면 다음으로 TOWS분석도와 같이 각각을 해결하는 방법이나 대처법을 항목별로 자세히 기재합니다.

SWOT, TOWS분석이 완료되면 나머지는 TOWS분석에 기재해 놓은 각 요소에서 자기 자신이 실현할 수 있는 가능성이 높으며 실행했을 때 효과가 높다고 생각되는 항목에 대해 행동에 옮깁시다.

또한 연애에 대해 SWOT, TOWS분석을 해보면 자동적으로 만남의 장에 대한 방침도 결정되니 이 만남의 장에 대해 우선 행동을 취하시기 바랍니다.

만남의 SWOT분석

		내부환경		외부환경	
좋은 영향	**Strength** 장점	●연봉이 높다 ●결혼 의욕이 있다 ●키가 크다 ●애들을 좋아하고 잘 돌봐준다 ●학력이 높다	**Opportunity** 기회	●결혼활동 비즈니스(매칭 어플리케이션)의 활성 ●연상 남자의 인기 ●직장에서 여성 사원이 늘어났다 ●패스트 패션의 유행	
나쁜 영향	**Weakness** 약점	●40세가 넘었다 ●지방 거주 ●돈이 많이 드는 취미생활을 하고 있음 ●휴가를 내기 어려움 ●비만 ●발기부전 ●패션 감각이 없음	**Threat** 위협	●일상생활에서 여성과 접점이 없음 ●주위의 남성들이 결혼하기 시작했음 ●결혼에 대한 가족의 압박	

만남의 TOWS분석

외적요인 ＼ 내적요인	**Opportunity 기회** ●결혼활동 비즈니스(매칭 어플리케이션)의 활성 ●연상 남자의 인기 ●직장에서 여성 사원이 늘어났다 ●패스트 패션의 유행	**Threat 위협** ●일상생활에서 여성과 접점이 없음 ●주위의 남성들이 결혼하기 시작했음 ●결혼에 대한 가족의 압박
Strength 장점 ●연봉이 높다 ●결혼 의욕이 있다 ●키가 크다 ●애들을 좋아하고 잘 돌봐준다 ●학력이 높다	**S × O =장점의 극대화** ●연봉, 학력이 눈에 잘 띄는 매칭 어플리케이션을 활용한다 ●큰 키에 잘 어울리는 패션을 연구한다 ●결혼정보회사에 등록한다	**S × T =위협에 대처** ●직장 여성에게 소개를 시켜달라 부탁한다 ●가족에게 선자리를 알아봐 달라고 한다 ●결혼식, 2차나 홈 파티에 참가해서 교유관계를 넓힌다 ●기혼 친구에게 조언을 듣는다
Weakness 약점 ●40세가 넘었다 ●지방 거주 ●돈이 많이 드는 취미생활을 하고 있음 ●휴가를 내기 어려움 ●비만 ●발기부전 ●패션 감각이 없음	**W × O =단점을 보완** ●취미생활을 공유할 수 있는 여성과 알고 지낸다 ●패스트 패션 점포에서 옷을 산다 ●연상남을 좋아하는 연하 여성을 찾는다 ●짬이 날 때마다 매칭 어플리케이션을 활용한다 ●직장의 운동 동아리에 들어가서 다이어트를 한다 ●직장 여성들과 사이 좋게 지낸다 ●지자체 미팅에 참가한다	**W × T =단점을 최소화** ●미용실에 다닌다 ●같은 처지의 여성(40세 정도에 결혼을 서두르고 있는 여성)을 찾는다 ●도심의 구 주최 미팅에 참가한다 ●도심의 우량 기업으로 이직한다 ●체형을 커버하는 패션을 연구한다

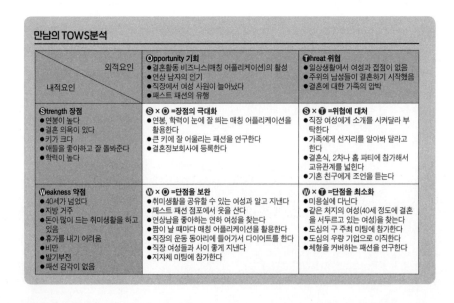

다양한 만남의 형태

연애로 발전하는 이성과의 만남의 장에는 어떤 것이 있을까요? 만남이란 극단적으로 이야기하자면 어느 날 갑자기 빵을 입에 문 여성과 길모퉁이에서 부딪히면서 연애관계로 발전하는 가능성도 있을 것입니다.

하지만 빠른 성과가 필요한 어른의 연애에서는 이러한 천문학적인 가능성에 기댈 수는 없습니다.

또한 아무것도 하지 않고 이성과 만날 수 있다 라는 '수동적'인 만남에 기대하는 일 역시 의미가 없습니다. 연애에 대해서는 자기 스스로 움직이지 않으면 기본적으로 성과를 얻을 수는 없습니다.

또한 능동적으로 만남에 도전한다 하더라도 만남의 종류를 이해하지 않고 무턱대고 행동하더라도 성과를 얻기는 힘듭니다. 각각의 만남에 대해 어떤 특징이 있으며 어떤 여성이 있는지, 그곳에서 만나는 여성과 어떻게 하면 연애관계로 발전하는지를 아는 것으로 전략을 세울 수 있고 무의미한 실패를 피할 수 있는 요령입니다.

어른의 연애로 이어지는 만남의 장은 크게 나누면 '인터넷' 아니면 '현실'이라는 장소의 축, 결혼상대를 찾는 데 중점을 둔 '결혼활동'이나 일단은 연애를 즐겨보려는 '캐주얼'이라는 연애의 목적에 관한 축으로 만남의 종류를 도식화 할 수 있습니다.

만남의 장의 특징을 이해하고 자신이 목표로 하는 만남의 장을 선택합시다. 또한 그 이외의 특징이나 장점, 단점 등 만남의 장에 따라 다른 점 등을 유념해두면 자연스러운 만남으로 이어집니다.

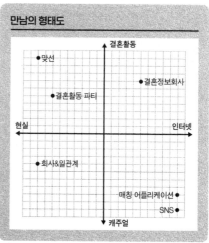

만남의 형태도

결혼활동 파티

난이도 ★★★☆☆   **비용** 약 5만 원~

결혼활동 파티란 장래적으로 결혼할 가능성이 높은 이성과 만날 수 있다는 점을 강조한 참가비 지불제 파티입니다. 남녀의 나이에 제한이 있거나 특정 취미를 가진 사람에 한정 지은 모임 등 파티라 하더라도 사전에 마음이 잘 맞을 것 같은 사람만을 모아 놓은 것을 고를 수 있습니다.

결혼활동 파티에서는 기본적으로 남성도 여성도 혼자서 참가하는 사람이 많기 때문에 처음 보는 사람이나 모르는 사람이 많은 장소가 거북한 경우에는 많은 경험을 쌓아서 낯 가림을 서서히 극복하는 일도 같이 진행해야 합니다.

프로필 시트

식사형 결혼활동 파티는 점심이나 저녁식사 시간대에 열립니다. 도착하면 우선 프로필 시트를 기재합니다. 기재하는 항목은 주로 '고향', '나이', '학력', '직업내용', '취미', '연봉', '토일휴무/평일휴무', '좋아하는 이성의 타입'입니다. 특히 취미는 대화 주제로 잘 사용할 수 있으니 사전에 잘 생각해두는 편이 좋습니다.

프로필 시트의 예	명찰번호 No.
이름	나이
고향	학력
직업	
휴무 평일/주말	연봉
취미	
좋아하는 이성의 타입	

로테이션

프로필 시트를 기재하면 식사를 하면서 자리를 로테이션합니다. 기본적으로 남성 참가 자는 모든 여성과 골고루 일정시간 동안 대화를 나눌 수 있도록 짜여 있습니다. 5분~10분 정도 대화를 나눌 때마다 남성은 자리를 옮기는 경우도 있습니다. 로테이션이 끝난 후에는 프리 타임이 마련되어 있기도 해서 이 때는 로테이션 중에 괜찮았던 사람과 깊은 대화를 나눕니다.

커플링

파티 마지막에 참가자는 당일 알게 된 이성 중에서 괜찮다고 생각한 사람을 고르는 시간 이 마련되어 있는 경우가 많습니다. 이때 서로 매칭되면 전화번호나 SNS계정을 교환하고 다음으로 이어 나갑니다.

맞선

| 난이도 | ★★★★★ | | 비용 | Priceless |

맞선은 매칭 정밀도가 아주 높은 반면 자유도는 낮은 만남입니다. 기본적으로 맞선은 친척이나 회사의 상사 등 손윗사람이 혼담을 꺼내는 데서 시작합니다. 예전에는 양쪽 부모 등 자기보다 한단계 떨어진 곳에서 혼담이 오고 가는 경우가 많았습니다만, 요즘에는 '좋은 사람이 있는데'와 같이 직접적으로 이야기가 오는 경우도 있습니다.

맞선은 당사자들을 객관적으로 봤을 때 '성격이 잘 맞을 것 같다'라고 생각한 결과 혼담이 오고 가기 때문에 당사자 간의 주관만으로 이뤄지는 자유연애보다 길게 가는 경향이 있다고 합니다.

또한 연애를 할 때 상대방에 대한 안심이나 믿을 수 있는지에 대해서는 사이가 깊어지는 데 있어 매우 큰 비중을 차지합니다. 맞선에서는 서로의 신분이 확실히 보장되어 있으며 만약 무슨 일이 생기면 사이에 들어가 있는 사람에게 폐를 끼친다는 위험도 있기 때문에 연애관계로 발전하기 쉽다는 인식이 있습니다.

하지만 맞선은 자신과는 먼 곳에서 혼담이 시작되기 때문에 자기가 스스로 움직일 수 있는 일이라 한다면 '결혼을 고려하고 있는데 괜찮은 사람 없나요?'와 같이 친척에게 의사를 드러내는 것 정도이며 의사표현을 한다고 해서 반드시 맞선을 볼 수 있는 것 역시 아닙니다. 물론 맞선 이야기가 나왔다 하더라도 상대 여성이 자기가 생각하는 타입과 가까울 것이라는 보장은 그 어디에도 없습니다.

또한 실제로 맞선 현장을 살펴보더라도 예전에는 맞선을 보기에 앞서 서로의 상세한 프로필이 기재된 신상명세서를 준비하고 스튜디오에서 촬영한 사진을 같이 상대 쪽과 교환하고 실제로 만나는 흐름이 주류였습니다만 지금은 거의 찾아볼 수 없습니다.

너무 진지하지 않게 소개 수준으로 진행하며 맞선 장소도 상대방의 부모님이 동석하지 않은 장소에서 식사만 하는 것과 같은 경우도 있습니다.

결혼정보회사

| 난이도 ★★★☆☆ | 비용 | 약 100만 원~ |

결혼정보회사에서는 맞선에서 친척이나 회사의 상사와 같은 중매인이 하는 역할을 서비스하는 곳입니다.

이용을 시작할 때

우선 이용자는 기본적으로 점포에서 등록을 합니다. 거기서 프로필이나 좋아하는 타입에 대해서 청취를 하고 이후에 적합한 상대를 추천하는 경우가 많습니다.

또한 사업자에 따라 등록은 점포에서 진행하고 인터넷에서 괜찮아 보이는 사람을 발견하는 어프로치를 할 수 있는 경우도 있습니다.

결혼정보 서비스의 비용

결혼정보 서비스의 초기비용은 대부분 약 100만 원 이상 듭니다. 게다가 커플링이 성공하면 성혼료가 약 수백 만 원 발생하는 경우도 있습니다.

이러한 비싼 비용은 얼핏 보기에는 쓸모 없는 것처럼 보이지만 그만큼 돈을 많이 낸 만큼 진지하게 만남을 추구할 수 있게 되기도 합니다. 또한 상대방도 '그만큼 돈을 냈으니 진지하게 앞날을 고려해서 상대를 찾고 있구나'라는 안심을 느끼며 교제로 이어질 가능성을 높입니다.

또한 결과가 잘 나오지 않는 경우에는 사업자에게 조언을 받는 것 이외에도 컨시어지와 같은 서비스를 제안하는 곳도 있습니다. 연애에 대한 개인지도와 만남이 세트로 제공되는 금액이라 생각하면 비용이 너무 비싸다고 볼 수만은 없습니다.

매칭 어플리케이션

난이도 ★☆☆☆☆   **비용** 약 3만 원~

요즘에 만남에 있어서 압도적으로 주류가 된 것이 매칭 어플리케이션입니다. 스마트 폰 앱으로 이성과 매칭이 가능하다는 간편함과 일반적으로 널리 사용됨에 따라 깔끔함의 균형이 잘 잡힌 효율적인 만남의 방법이라 할 수 있습니다.

매칭 어플리케이션의 이용방법

매칭 어플리케이션은 다운로드를 한 다음에 기본적으로 소셜 로그인을 하는 것이 필수입니다. 이는 불량 유저나 '업자'라고 불리는 서비스를 이용해서 장사를 하는 유저를 막는 데 효과가 있기 때문입니다.

사진과 프로필

매칭 어플리케이션에서는 상내방에게 보이는 정보는 사진과 프로필밖에 없습니다. 사진에서 중요한 것은 복장이나 분위기가 잘 드러나는 상반신 구도와 밝은 장소에서 촬영을 하는 것입니다. 가능하다면 다른 사람이 찍어준 사진을 사용합시다.

또한 프로필은 가능한 한 자세하게 쓰는 편이 매칭 확률을 올려줍니다. 많은 매칭 어플리케이션에서는 취미 커뮤니케이션이 있어서 커뮤니케이션 안의 유저와 매칭되는 구조로 되어 있기 때문에 취미 커뮤니케이션은 반드시 여러 개를 들어갑시다.

특히 매칭 어플리케이션은 이용자의 프로필이나 취미에서 어떠한 사람들끼리 매칭이 되기 쉬운지를 기계적으로 판단하기 때문에 프로필이나 커뮤니케이션 정보를 충실하게 갖추는 것이 성공으로 이끌어 줄 것입니다.

매칭 어플리케이션에서의 만남

매칭 어플리케이션에서는 연달아 여성을 제시하고 괜찮은가 나쁜가를 골라냅니다. 여성 측에서도 이와 마찬가지로 남성을 골라내며 서로가 매칭하게 되면 개별적으로 메시지를 주고받는 상태가 됩니다.

일단은 서로의 취미나 사람 됨됨이가 알 수 있을 정도로 5, 6번 왕복으로 메시지를 주고받으면서 서로가 안심하고 난 후에 외부 SNS 계정을 교환하고 실제로 만나는 것이 일반적입니다. 첫 인상만으로 매칭을 했다 하더라도 이후의 느낌이 맞지 않기 때문에 실제로 만나는 것까지 이어지지 않을 가능성이 높습니다.

회사 & 일 관계

난이도 ★★★★☆   **비용**   0원~(리스크는 무한대)

직장은 어른에게 있어 가장 가까운 만남의 장입니다. 하지만 연애 상대를 발견하는 장소로서는 가장 난이도가 높다고 할 수 있겠습니다.

직장연애의 정형

직장연애의 정형은 ①회식 ②주말에 단체로 놀러가기 ③사내 동아리 등 3가지로 나뉩니다. 먼저 망년회나 종무식과 같은 회식자리에서 알게 된 여성과 연애관계로 발전하려면 회식 중에 공통된 취미에 대한 이야기를 시작해서 주말에 놀러가는 약속을 잡거나 따로 식사 약속을 잡는 것이 일반적입니다.

그리고 주말에 단체로 놀러가는 것은 사내에서 유지를 모아서 불꽃놀이 구경을 가거나 바비큐 파티를 가는 등, 업무가 없는 날에 회사 밖에서 만났을 때 관계를 발전시키는 방법입니다. 회식과는 다르게 처음부터 회사 밖에서 만나는 것에 저항감이 없는 사람들이 모이기 때문에 비교적 연애로 발전하기 쉽습니다.

사내 동아리도 주말에 단체로 놀러가는 것과 비슷한 상황입니다. 사내 동아리의 경우 원래 취미가 맞는 것을 전제로 하니 공통 주제로 이야기를 나누는 데 별 어려움 없이 관계를 발전시킬 수 있습니다.

직장연애의 리스크

마음에 두던 여성에게 차이거나 약속을 잡는 데 실패하는 등 직장연애에서 실패를 하는 경우에는 이야기가 단번에 회사 안에 퍼질 가능성이 있습니다. 그 결과 직장생활이 거북해질 수도 있으니 세심한 주의를 기울여야 합니다.

또한 금지되어 있지는 않더라도 사내연애가 왕성하지 않은 회사의 경우 회식이나 모임에서 연애상대를 찾으려 하면 안 좋게 볼 수도 있습니다.

무엇보다 사내연애를 주변에서 하고 있는지를 파악하고 사내결혼이나 동기끼리 연애를 하고 있는지를 확인하고 나서 움직이는 게 좋습니다.

마지막으로 사내연애에서 가장 중요한 것은 어떠한 결과가 되었든 사내의 분위기를 어지럽히지 않는 일입니다. 연애가 잘 안되어서 부서의 분위기가 어색해지거나 사귀다가 헤어져서 주위에서 신경을 쓰게 만드는 일은 있어서는 안 됩니다.

SNS

난이도	★★☆☆☆		비용	약 3만 원~

주로 미니 블로그 SNS에서는 다이렉트 메시지를 통해서 관계를 진행하는 것이 일반적입니다. 하지만 갑자기 메시지를 보내서는 안됩니다. 미니 블로그에서 만날 때까지의 베스트 패턴은 아래와 같습니다.

① 상호 팔로우와 댓글

먼저 상호 팔로우 상태로 만드는 것이 전제입니다. 그리고나서 상대가 쓴 글에다 댓글을 써서 자신의 존재를 상대방에게 알립니다. 이를 10번 정도 반복하면 다음 단계로 나아가도 좋습니다.

그리고 자신이 쓴 글을 보고 상대방이 흥미를 가지게 하기 위해 사생활이나 취미에 대해 적극적으로 글을 씁시다. 특히 SNS의 장점은 '같은 취미를 가진 사람들이 서로 알게 되는 것'이기 때문에 취미에 대해서 더욱 열심히 글을 써서 올리면 만남의 가능성이 올라갑니다.

② 다이렉트 메시지

다이렉트 메시지로 전환을 할지는 댓글로 대화하듯이 서로 거리낌 없이 이야기를 하게 되었을 때를 기준으로 삼으면 좋습니다. 예의상 하는 댓글을 써줬다고 해서 갑자기 다이렉트 메시지를 보낸다 하더라도 안 풀릴 가능성이 있습니다.

또한 SNS에서는 여성의 계정에 스팸 메일 같은 다이렉트 메시지가 오는 경우도 있기 때문에 상대방을 안심하고 믿을 수 있을 때까지는 공개적으로 대화를 하는 편이 무난합니다. 또한 다이렉트 메시지로 대화를 할 때에도 댓글과 똑같은 분위기를 유지하는 편이 좋습니다.

③ 현실 세계로 연결

다이렉트 메시지로 취미에 관한 이야기를 깊게 나누고 주말 낮에 가볍게 만나서 직접 이야기를 해보는 기회를 제안하면 OK입니다. 이때 갑자기 먼 곳에서 열리는 이벤트에 가자고 하거나 상대방을 오래 붙잡아 두는 제안은 실패할 가능성이 높으니 주의해야 합니다.

서로의 라이프 스타일을 중시하자

어른이 되면 일이 바빠지거나 취미 생활도 열심히 하다 보면 여가 시간 자체가 줄어들기도 하고 휴일이나 여가를 보내는 방법도 어느 정도 정형화됩니다.

생활 리듬도 마찬가지로 오랫동안 살아온 습관에서 어느 정도 정형화가 되기에 예를 들어 빨리 잠에 드는 사람이 갑자기 만남을 위해 밤 늦게까지 메시지를 주고받게 되면 금방 힘들어지게 됩니다.

이는 여성도 마찬가지로 서로가 한 발자국 다가가는 것은 중요하지만 무리를 해서 상대방에게 맞출 필요는 없습니다.

오히려 서로의 라이프스타일을 존중하고 적당한 거리감을 유지해서 무리가 없는 상태를 만드는 일이 만남을 연애로 이어가는 요령입니다.

구체적으로는 데이트 빈도는 1, 2주일에 한 번, 메시지 답장은 평일이라면 세 번 왕복 정도와 같이 '상대방의 일이나 자유시간을 방해하지 않는 정도'가 어른의 만남과 연애에는 필요합니다.

이러한 자세는 정이 없는 것처럼 느낄 수도 있지만 원래 어른의 만남은 앞으로의 결혼을 바탕에 깔고 갑니다. 얼마만큼 적당한 거리감을 유지하는가는 '같이 있을 때 자연스럽게 있을 수 있어서 편하다'라는 결혼을 마음먹게 만드는 중요한 요소입니다.

Column

health and physical education for over forty

연락빈도

적당한 연락빈도는 사람에 따라 다릅니다. 하지만 어른은 일을 하는 것을 전제로 하기 때문에 일하는 시간 이외의 시간대에 연락을 하게 됩니다. 따라서 주말에 쉬는 경우에는 평일 아침의 출근 중, 점심 시간 그리고 귀가 시간이 주로 연락을 하는 시간대입니다.

하지만 당연하게도 상대방에게 있어서는 뉴스를 보거나 친구와 연락을 하는 등 연락 말고도 따로 할 일이 있을 겁니다. 따라서 일반적인 회사원의 경우에는 하루에 많아도 다섯 번 왕복 정도의 연락을 하는 것이 현실적인 횟수입니다. 게다가 이 숫자는 사귀기 시작하고도 그다지 변함이 없으니 막 만나기 시작했을 때는 1일 1왕복이라도 가능하다면 문제없습니다.

40세의 보건체육
health and physical education for over forty

3rd chapter :
Adult dating and confession

제 3 장
어른의 데이트와
고백

테스트 통과~~!!

우와 아아아 아

그럭저럭 괜찮은 느낌이네.

다음에도 느낌이 괜찮으면 그 다음이 승부처야.

3번째 만남에서 고백을 해!

너무 빨라!!

아직 설레면서 기뻐하고 있는데?!

분위기를 깨는 것 같아 미안한데….

하지만 어른은 좀처럼 만날 수가 없어서 진전되는 데 시간이 걸리니까 3번째 만남에서 결론을 내야 해.

서로의 시간을 아끼기 위해서도 말이야….

효율도 무시할 수 없는 요소란 말이지.

어른이 되는 건 슬픈 일이네.

단맛 쓴맛 다 봐야지 어른이거든….

그 샴푸 좀 더 테스트를 해볼까….

★쓸쓸한 밤은 깊어져 간다

데이트의 의미, 목적이란

데이트는 사귀기까지 관계를 발전시키기 위한 행위라고 하지만 알기 쉽게 풀어내자면 연인관계가 되기 위한 면접과 시간이 데이트입니다.

서류심사를 통과하고 드디어 면접까지 도달했다 하더라도 입사까지는 못하는 경우가 있듯이 만남을 데이트로 연결했다 하더라도 연애까지는 도달하지 못하는 경우도 있습니다. 그리고 상대방을 만나고 상대방의 연락처를 알게 된 단계는 아직 회사설명회에 참가하는 권리를 얻은 정도의 단계입니다.

지금부터는 이력서를 쓰는 것처럼 데이트(면접)로 나아가기 위한 커뮤니케이션 방법과 실제 데이트와 채용 내정(사귀기 시작하는 단계)을 얻기 위한 방법에 대해서 생각합니다. 각 단계에서는 취직활동과 마찬가지로 면접관(상대방)이 무엇을 어떤 판단 기준으로 보는지를 이해하는 일이 성공에 있어서 반드시 필요합니다. 기업연구와 마찬가지로 상대가 어떤 인재(남자친구)를 원하는지를 파악하고 자기 자신을 어떻게 어필할지를 검토합시다.

하지만 예를 들어 문과이며 소극적인 사람이 원래 자신의 모습이 아닌 이력서와 면접으로 체육과 분위기가 강한 기업에 입사를 했다고 치더라도 금방 힘들어져서 계속 다니지 못할 가능성이 높듯이 원래 자신의 모습을 드러내지 않고 연애를 하려 해도 순간적으로는 잘 풀린다 하더라도 관계가 계속되지 않고 서로의 시간과 감정만 낭비할 뿐입니다.

그래서 가능한 한 있는 그대로의 자신을 전제로 상대와 마주하고, 그렇게 하더라도 데이트가 가능하고 교제로 발전할 수 있는 여성을 찾읍시다. 하지만 한편으로는 있는 그대로를 무조건 상대방에게 밀어붙이는 것 역시 문제입니다.

예를 들어 취업활동을 할 때 부스스한 머리카락에 제대로 커뮤니케이션이 되지 않으면 아마도 그 어떤 회사에서도 채용 내정을 내주지 않을 것입니다. 이와 마찬가지로 데이트에서는 연애를 목표로 하는 데 있어 최소한 사회적으로 받아들여지는 상태를 갖추고 나서 취미나 성격과 같이 자기 자신다움을 어필하는 편이 좋습니다.

또한 데이트는 횟수를 거듭할수록 그 사람의 내면에 파고들어가기에 만남의 초반에는 상대적으로 '연애를 하는 데 있어 보편적이고 최소한의 상식'이 갖춰져 있는지가 중요합니다. 바꿔야 할 부분은 바꾸고 남겨둬야 할 좋은 부분은 남겨서 만남을 교제로 이어갑시다.

만남을 교제로 이어갈 때까지의 코스

극단적으로 말하자면 만난 당일에 교제를 시작하는 경우도 있고 몇 년 동안 알고 지내다가 현실에서 만나서 관계가 깊어지는 경우도 있습니다. 하지만 이런 특이한 상황을 상정하고 순응하는 능력을 키우는 것보다는 시간적인 의미로 마일스톤을 정하고 2명의 관계를 단계별로 나눠서 만남에서 교제에 이르기까지의 흐름을 전제로 준비하는 편이 좋습니다. 어른은 시간이 잘 없으니까요.

만남에서 교제에 이르기까지의 흐름은 관문이 어디에 있는지를 의식하고 전략을 세우도록 합시다. 우선 제1 관문은 '서로 알고 지내다 둘이서만 만나기'입니다. 이어서 제2 관문은 '이성으로 의식하기'입니다. 그리고 마지막 제3 관문은 '교제 상태 되기'입니다. 이러한 흐름은 다른 시점에서 보면 뒤로 가면 갈수록 물리적인 접촉이 늘어날 뿐만 아니라 심리적으로 상대와 자신이 얼마만큼 잘 맞는지를 생각할 기회가 늘어난다고 할 수 있습니다.

'서로 알고 지내다 둘이서만 만나기'라 하는 것은 만남이 '연애대상이 될 가능성이 다소 있다'라는 상태를 의미합니다. 이때 요구되는 것은 매력적인 것보다 오히려 '특히 문제가 없는' 점입니다.

매력이 문제가 되는 것은 이 다음인 '이성으로 의식하기' 단계입니다. 대화상대로서 혹은 아는 사람으로서 문제가 없다고 전제하고 그 시점에서 상대방에 대해 알고 있는 점을 모두 더해서 판단한 결과 '이성으로서 연애대상 후보'가 될 수 있는지 판단하게 됩니다. 이 시점에서는 '상대와 섹스할 수 있는가'를 포함해서 '더욱 깊은 관계를 이어갈 것인지'를 판단하게 됩니다. 취업 면접으로 비교하자면 2차면접과 비슷하다 할 수 있겠습니다.

마지막으로 '교제 상태 되기'는 글자 그대로 연인사이가 되는 것입니다. 이는 친구, 지인의 단계를 뛰어넘어서 깊은 관계를 이어가는 것뿐만 아니라 사귀기 시작하면서부터 오랜 시간을 상대방과 같이 지낼 가능성이 있다는 점을 받아들인다는 의미를 가집니다. 즉 오랫동안 같이 있을 수 있는가 라는 시점에서 상대방이 판단을 내릴 가능성이 높습니다. 면접으로 따진다면 최종면접에서 '일을 오래 할 수 있는가'를 판단하는 점과 비슷합니다.

친밀한 관계를 만들기 위한 방침

친밀도를 올리는 일은 여러 요소가 얽혀 있기 때문에 우선은 얽혀 있는 요소를 분해할 필요가 있습니다.

그리고 얼만큼 친밀한가에 따라서 앞페이지에서 설명한 각각의 관문을 통과할 수 있는 지를 결정합니다.

먼저 친밀도란 같이 보내는 시간과 커뮤니케이션 양의 인과관계가 있습니다. 하지만 원래 호감도가 높아야 같이 보내는 시간이나 커뮤니케이션 양이 늘어나기에, 호감도를 올려야만 합니다. 또한 이번 장에서는 '친밀함 상승'을 분해하고 구체적인 행동방침을 정리하는 일을 목표로 하고 있기에 예를 들자면 추천된 여성들에게 보내는 하루당 메시지의 빈도 등, 항간에 일반화된 상세한 테크닉은 거론하지 않습니다.

또한 두 사람의 관계가 연애관계에 가까워질수록 같이 지내는 시간이 친밀함에 미치는 영향이 커지는 만큼 처음에는 커뮤니케이션 양을 늘리도록 합시다.

물론 '커뮤니케이션 양을 늘린다'라는 것도 분해해서 실천 혹은 구체적으로 노력할 수 있는 형태로 만들어야 합니다. 커뮤니케이션을 가속시키기 위해서는 대화의 구실(분위기를 띄우는 요소), 서로의 거리감(커뮤니케이션이 귀찮지 않은가), 커뮤니케이션에 시간을 들이는 게 아깝지 않은가(안심할 수 있는가, 장래를 내다봤을 때 연인후보가 될 수 있는가)를 분해했을 때 나오는 요소입니다.

그리고 각각의 요소는 뒤로 갈수록 대화의 내용 자체가 아닌 남성의 내면에서 기인합니다. 일단 '대화의 구실'이란 예를 들어 SNS를 통해서 대화를 할 때 무엇을 화제로 삼는가 및 특별할 것 없는 일상적인 내용 등입니다. 또한 여기서 원칙으로 삼아야 하는 것은 취미나 생활권 등 인품보다는 메시지를 주고받는 것 자체가 즐거워지는 화제를 중시해서 자기 자신에게 흥미를 가지게 만들고 그 다음에 됨됨이에 관련된 깊은 주제로 바꾸는 것이 중요합니다.

'서로의 거리감'이란 답장을 하고 조금 있다 바로 또 메시지가 와서 귀찮다, 몇 번이고 연속해서 답장이 오는 등 기분 좋게 커뮤니케이션을 할 수 있는 상태가 되었는가 입니다. 때로는 메시지를 보내도 답장이 오지 않는 경우도 있을 것입니다. 하지만 그렇다고 조바심을 내서는 안됩니다. 우선은 기다리고 2, 3번 더 메시지를 보내도 답장이 오지 않는 경우에는 다음 만남을 기대하는 편이 좋습니다.

마지막으로 커뮤니케이션에 시간을 들이는 게 아깝지 않는가는 성격이나 평소의 생활을 통해서 성격이 파악되기 시작했을 때 지금보다 깊은 관계로 이어지기 위해 계속해서 커뮤니케이션을 할 것인가라는 관점입니다. 예를 들어 동성 친구를 아낀다, 재미있는 곳에 갔었다 등이 해당되는 내용입니다. 하지만 한편으로는 자신에 대한 이야기는 독선적인 인상을 줄 수 있으니 가능한 한 상대방도 이야기를 할 수 있도록 배려합시다.

같이 보내는 시간이란 데이트의 빈도에 의해 자연스레 증가합니다. 또한 음성통화도 직접 만나는 것에는 미치지 못하지만 같은 시간을 공유한다는 의미로는 친밀함을 높이기 때문에 메시지를 주고받는 횟수가 늘어난 단계에서 음성통화를 제안하는 것도 좋습니다. 또한 데이트를 거듭할수록 다음 데이트 약속을 잡는 기본적인 일도 중요합니다

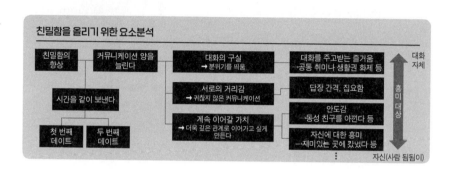

Column

좋은 사람 프레임이 씌어지지 않도록 주의하자

여성과 만나는 것은 가능해도 '좋은 사람'으로 끝나고 연애관계로 이어지지 않기도 합니다. 이는 상대방이 자신을 연애대상인 이성으로 보지 않았기 때문입니다. 그 이유를 간결하게 말하면 '어필 부족'입니다. 여성도 살아 있는 존재인 만큼 같이 식사를 하더라도 전혀 연애관계를 암시하는 분위기나 대화가 없으면 '이 사람은 연애대상으로 자신을 보고 있지 않는 걸까'라고 생각하며 이 기분이 어느새 '연애대상은 아니다'라고 바뀌게 됩니다. 연애관계로 이어졌으면 좋겠다고 어필했다가 상대방이 거리를 두는 일도 생길 수 있습니다. 하지만 상처받는 것을 두려워해서는 영원히 '좋은 사람'밖에 되지 않습니다.

데이트 신청하는 방법

데이트(둘이서만 만나는 일)를 신청하는 것은 '스토리 성'이 중요합니다. 자기 자신에게 압도적인 상품가치가 있어서 아무것도 안 해도 데이트 신청을 받고 정신을 차려보니 여자 친구가 생겼다(선택 받았다)가 아니라면 이성에게 선택 받기 위해서는 데이트 신청을 받는 이성의 심리를 이해할 필요가 있습니다.

여기서 검토하는 것은 어떤 단계를 거치며 각각의 단계에서 여성이 어떤 감정으로 남성과 데이트를 하게 되는지 입니다.

데이트의 역할은 만남의 다음에 위치하는 '흥미, 관심' 단계입니다. 사람에 대해 얻는 정보량은 문장으로 된 커뮤니케이션과 비교

해서 실제로 만나는 쪽이 압도적으로 많습니다. 따라서 '좀 더 알고 싶어'라며 상대방이 생각하는 것은 '얼굴을 보고 이야기하고 싶어'라는 생각과 거의 같은 뜻일 겁니다.

그렇다면 어떻게 하면 흥미, 관심을 가질 수 있게 만들 수 있을까요? 대답 중 하나는 상

Column

효과적으로 연락하는 법

어른의 연애에 걸맞는 메시지를 주고받는 방법에서는 너무 무의미한 메시지는 오히려 성공 확률을 낮춥니다. 예를 들어 '지금 한가해?', '지금부터 회사에 가요!'와 같은 근황보고나 그냥 상대방의 상황을 묻기만 하는 대화는, 연애 관계가 아닌 경우에는 그 자체의 메시지에 내용이 담겨있지도 않으며 대화의 실마리를 찾기도 어렵습니다.

그래서 '오늘 ○○의 DVD를 샀는데 ○○씨는 벌써 봤나요?'와 같이 자기 자신의 이야기뿐만 아니라 상대가 자기 자신의 이야기를 하고 싶도록 배려하는 일이 중요합니다. 자신에게 흥미가 있다는 것을 상대방이 자각함으로 이후의 커뮤니케이션이 원활하게 이루어지는 데 도움이 됩니다.

대방이 흥미가 있는 일이나 공통의 취미입니다. 취미 이야기로 대화가 잘 풀린다는 것을 알게 되면 적어도 얼굴을 마주보고 대화할 때 말을 제대로 못해서 어색할 일은 없겠다며 상대방이 안심할 수 있기 때문입니다. 게다가 취향이 맞는 이상 새로운 정보나 좋아하는 일을 상대방에게 이야기할 수 있다는 장점이 있기 때문에 데이트를 하는 것이 그만큼 쉬워집니다.

그래서 데이트 신청하기 전에 취미나 흥미와 같은 일정 공통 항목이 있어서 대화가 어색해지지 않는다는 공통인식을 상대방이 가지게 되면 데이트 신청을 하는 데 효과적이라 볼수 있습니다. 그리고 데이트 그 자체의 목적은 어디까지나 평소에 하던 메시지를 주고받는 일의 연장이며 두 사람이 물리적으로 가까이 있는 상황에서 시간을 공유하고 넌지시 서로의 인간성을 느끼는 일입니다.

그렇기 때문에 데이트 신청을 하는 구실이나 목적지에 집착할 필요는 없으니 일단은 회사에서 집으로 가는 길에 저녁식사나 주말 점심식사를 서로가 가기 쉬운 장소로 세팅을 하는 편이 좋습니다. 어디까지나 평소의 메시지를 주고받는 것을 얼굴을 마주보고도 할수 있는가를 고려해서 장소를 선택하고 너무 긴장을 하지 않고 만나도록 합시다.

또한 메시지를 주고받는 예로서는 만나고 나서 5일 정도 10번 성도의 메시지 왕복을 하고 나서 '괜찮으면 이번 토요일 낮에 ○○에서 점심식사 어때요? ○○씨를 좀 더 자세히 알고 싶어요!'와 같이 데이트 신청을 하는 것과 동시에 상대방을 알고 싶다는 의사를 메시지에 더하면 좋을 것입니다.

Column

health and physical education for over forty

구실은 중요

첫 데이트 신청에는 이유를 붙이는 것에 따라 성공을 좌우하는 경우도 있습니다. 첫 데이트 전 단계에서는 상대방에게 있어 이제 막 만나기 시작한 당신은 아직 어떤 존재인지 잘 모르는 사람입니다. 그래서 어른에게 있어 귀중한 주말이나 여가를 써서 만났는데 재미가 없거나 생각했던 사람과 다르다는 생각을 하게 된다면 데이트를 거절당할 확률이 높습니다.

하지만 취미 정보공유 등 상대방이 어떤 사람이건 간에 도달할 수 있는 목표가 마련되어 있다면 시간을 내서 얻을 수 있는 결과가 확실하게 보이기 때문에 데이트 신청을 받아들이기 쉬워질지도 모릅니다.

결과는 세 번 안에 결정된다

데이트를 하게 되고 나서 사귀는 게 결정되는 것은 데이트 3번째 정도입니다. 이는 데이트의 횟수 자체의 문제가 아니라 앞날을 고려한 연인으로서 괜찮다고 판단하기 위한 재료를 모을 때까지의, 두 사람이 시간을 보내서 사람됨을 파악하기 위해 세 번 정도의 데이트 횟수가 필요하다는 뜻입니다.

또한 여기서 상정하고 있는 것은 2~3시간 정도의 점심식사나 저녁식사가 한 번, 7~8시간 정도의 데이트 두 번을 합친 총 20시간 정도의 시간을 공유한 상태입니다. 따라서 점심식사나 저녁식사를 두 번 했을 경우에는 데이트 한 번으로는 연애의 관점에서 사람됨을 알기까지 시간이 부족할 가능성이 있습니다.

20시간이라는 의미는 어른에게 있어 무리없이 다른 사람에게 1개월간 낼 수 있는 여가 시간의 거의 최대치이기도 합니다. 그리고 바쁜 어른에게 있어 지루하게 한 명에게 시간을 쏟아 부어서 그 후에 있었을지도 모르는 만남을 망칠 수는 없습니다. 길게 시간을 들이더라도 60시간, 3개월까지는 연애관계가 될 수 있는지 결정하겠다 정하고 시작하는 편이 목표에서 역산을 해서 계획을 세우기 쉬울 것입니다.

또한 사람됨됨이를 이해하고 최소한 맞는지 안 맞는지를 판단하기 위해서는 잡담, 식사, 쇼핑, 같이 걷기, 둘이서 계획을 세워 보기와 같은 요소가 필요하기에 이러한 것을 하기에 최소한 필요한 시간이 20시간 정도입니다.

Column

처음 데이트는 '테스트'

첫번째 데이트는 테스트 요소가 강하기 때문에 마이너스 요소가 없다면 신청해서 성공할 가능성이 높기 마련입니다. 따라서 첫 데이트를 신청했는데 잘 받아주지 않는 경우에는 깨끗이 포기하는 것도 중요합니다. 또한 사정이 여의치 않다고 거절을 당한 경우에는 3번 정도까지는 다시 신청해도 문제는 없지만, 그 이상은 신청을 해도 가능성이 매우 낮습니다.

다만 테스트라 하더라도 그 짧은 시간에 체크를 하는 포인트가 농축되어 있기 때문에 거기서 실패하면 다음은 없습니다. 이러한 의미에서, 찬스를 잡기 위해서는 대책을 세울 필요가 있습니다.

일단은 식사부터

첫 데이트는 카페나 식사가 좋습니다. 그 이유는 첫 데이트는 테스트이기 때문입니다. 테스트인 이상 오랜 시간 속박당하는 상황이나 금전적 부담이 큰 것은 피해야 할 것이고 그러면서도 단시간에 상대방에 대해 판단할 수 있는 요소가 담겨 있는 것이 카페나 레스 트랑에서 하는 식사 데이트입니다. 상대가 데이트 신청을 승낙하기 쉽게 만들어서 성공할 가능성을 높입니다.

식사 데이트의 시간적 장점

식사 데이트에 걸리는 시간은 2~3시간 정도입니다. 게다가 날씨나 요일에 구애되지 않고 시간만 있으면 일 끝나고, 주말 낮 시간 등 일상적인 스케줄 사이에 약속을 잡을 수 있습니다. 또한 시간 내에 서로 마음이 맞으면 식사 후에 가볍게 놀러갈 수도 있습니다.

또한 저녁식사에 대해서는 밤 시간대가 되거나 술자리로 이어지기 쉬운 이유로 처음보는 사람과는 밤 시간대를 같이 보내고 싶지 않다는 사람도 있으니 점심식사나 카페를 고르는 편이 무난합니다.

식사 데이트의 금전적 장점

식사 데이트에서는 신청하는 단계에서 가게를 고르게 되기 때문에 예산을 사전에 알 수 있습니다. 거기다 기본적으로 식사만 하고 끝나기 때문에 예산의 상한선이 정해져 있는 일도 장점입니다.

또한 더치페이나 어느 정도 여성이 부담하는 경우도 고려해서 데이트라고 해서 너무 비싼 가게를 고르는 일은 피합시다.

예산에 대해서는 점심식사나 카페에서 약 15,000~20,000원 이내, 저녁식사에서 약 30,000원 안쪽 정도를 기준으로 가게를 제안합시다.

식사 데이트에 집약된 판단요소

식사 데이트에서는 사전 단계부터 음식의 취향을 서로 조정해가는 협조성, 적절한 가게를 고르는 주체성, 예산을 상식 범위 안에서 정하는 금전감각이 판단됩니다.

거기에다 식사 중에는 패션이나 청결함과 같은 외적요소를 체크하고 대화를 나눌 때의 속도, 메뉴를 주문할 때에 상대방을 배려하는 태도와 같이 앞으로 더욱 깊은 관계를 이어나아갈 만한지 같은 요소는 거의 모두 담겨 있습니다.

첫 데이트는 가까운 곳에서 마치자

데이트는 가깝고 가기 쉬운 곳에 가는 것이 리스크 분산 측면에서 중요합니다. 먼 곳이나 여행은 구속시간이 길어져서 피로가 쌓입니다. 얼굴이나 태도에 드러나는 피곤함은 기분이 나쁠 때와 닮았기에 안 좋은 인상을 주기 쉽습니다. 피로에 의한 스트레스 때문에 평소보다 쉽게 화를 내거나 짜증을 낼 수 있어서 다투는 원인이 되거나 평소라면 마음에 담아두지 않는 일로 자신의 인상이 안 좋아질 가능성도 있습니다.

또한 멀리 떨어진 장소에서 데이트를 하는 경우 자기 자신이나 상대방이 가본 적 없는 장소가 목적지인 경우도 많습니다. 어디에 뭐가 있는지 잘 모르는 곳에서 길을 잃거나, 하고 싶은 일이 제대로 되지 않은 등 여유가 없어지기도 합니다. 그리고 여유가 없어져서 초조해지고 상대방을 배려하는 마음은 어느새 뒷전으로 밀리게 되어 상대방에게 못 미덥게 보일 위험성도 있습니다.

목적지가 먼 경우에는 사전준비를 아무리 철저히 하더라도 예상치 못한 문제가 발생할 가능성이 있습니다. 잘 대처를 하면 상대방의 평가가 단번에 올라가는 일도 가능합니다만 실패할 때의 위험성을 생각하면 일단은 가까운 곳에서 데이트를 거듭해서 조금 실패를 하더라도 문제가 없는 수준까지 친밀한 관계를 만드는 편이 좋습니다. 그 정도로 친밀하지 않을 때는 먼 곳으로 데이트를 가서 실패하면 '이 사람은 아니네'라고 생각해서 그 다음이 없어질 가능성도 있습니다.

Column

health and physical education for over forty

NG데이트

원래 친밀함을 올리는 데이트에는, 사이가 좋아지는 것 이상으로 실패 위험이 높은 데이트도 있습니다. '데이트에서 실패한다'는 것은 '실망했다'와 '싸웠다'입니다. 전자는 추상적이며 배려를 잘 못한다, 마음에 들지 않는 데가 있다 등이 실망한 구체적인 이유입니다. 여기서 중요한 것은 '그렇게 될 가능성'이 '피로', '스트레스'로 인해 높아지는 일입니다. 다투는 것 역시 마찬가지입니다. 먼 곳 데이트이거나 대기 시간으로 지치기 쉬운 유원지 등이 NG데이트입니다. 또한 많이 걷는 데이트 코스를 미리 이야기하지 않아 하이힐로 발이 아파 짜증 나는 등 데이트 코스와 복장의 불일치로 상대방이 피곤하게 되어 결국 다투는 것 역시 NG데이트입니다. 두 사람에게 '피로', '스트레스'가 전혀 발생하지 않는 데이트 코스를 검토해야 합니다.

데이트 복장

데이트 복장은 청결함과 목적지에 맞는지가 중요합니다. 복장에 있어서 청결함이란 옷 자체가 깨끗한 것과 분위기에서 청결함이 연출되는가로 구분됩니다. 후자에 대해서는 어른다운 분위기가 나는지가 중요합니다. 어른다운 분위기를 구체화하자면 나이에 맞는 톤의 색상을 고르는 일입니다. 구체적으로 네이비, 카키, 베이지, 회색과 같이 차분한 색상을 축으로 옷을 고르면 좋을 것입니다. 흰색을 고르는 경우에는 셔츠 이외에는 고르지 않는 편이 무난합니다. 또한 필요 최소한도로 갖춰 놓으면 좋은 옷과 구성은 아래와 같습니다. 데이트 계절에 맞춰서 최소한도로 갖춰 놓기만 해도 됩니다.

①색이 바래지 않은 데님 팬츠 → 사계절용
②흰색 버튼다운 셔츠(가능하면 원단은 옥스포드) → 사계절용
③파란색 버튼다운 셔츠(가능하면 원난은 옥스포드) → 사계절용
④검은색 혹은 회색의 니트 or 가디건 → 가을 겨울용
⑤베이지나 네이비색의 허리까지 오는 숏 코트 → 가을 겨울용(울) / 가을 겨울 봄용(코튼)
⑥흰색 폴로셔츠 → 여름용

NG아이템

어른의 데이트에서 NG복장은 아이 같거나 차분하지 않은 인상을 주는 아이템입니다. 파카, 안감이 체크나 지퍼나 금속장식 드로우 코드(끈 종류) 등의 장식이 많은 옷은 반드시 피하는 편이 좋습니다. 또한 위장(위장복)이나 꽃 같은 무늬가 들어간 옷감도 처음에는 조합이 어려우니 주의해야 합니다.

사이즈

반드시 헐렁하지 않는 딱 맞는 사이즈의 옷을 고르도록 합시다. 평소에 넉넉하게 입는 경우라면 옷이 좀 끼는 느낌이 들 것입니다.

여성은 데이트 중에 남성의 어떤 면을 볼까?

데이트는 친밀도를 올리기 위해서 하고 친밀도가 올라가는 요인을 정리하면 복장을 포함한 그 사람의 분위기, 성격과 같은 내면, 상대방을 대하는 태도, 대화를 기본으로 하는 커뮤니케이션 등으로 나뉘며 각 요인은 데이트 중에 체크를 합니다.

복장을 포함한 그 사람의 분위기

기본적으로 감점방식 요소입니다. 어른의 연애에서는 세련된 것이 가장 좋습니다. 그래서 상대방의 평가를 극단적으로 올리는 것보다 더럽고 냄새가 나는 경우에 그 사람에 대한 평가가 '아니다'가 됩니다. 또한 겉으로 보여지는 분위기는 헤어스타일에 상당히 많은 영향을 받기 때문에 미용실에서 눈썹과 같이 다듬어야 합니다. 또한 짧은 헤어스타일이 청결한 느낌을 주기 쉽습니다.

성격 등의 내면

성격이란 타인에게 있어서는 판단이 어려운 요소로 특히 만나고 얼마 지나지 않은 사이

Column

상냥한 척하면 금방 들킨다?!

데이트 중에 여성에 대해 배려하는 것은 중요한 일입니다. 하지만 마음속으로 상대방을 생각하지 않고 행동만을 했을 경우에는 '무리해서 배려하는 느낌'이 나와서 오히려 여성의 기분이 상하기 마련입니다.

예를 들어 도로에서 차도 쪽을 걷는 것은 차가 달리는 쪽이 위험하거나 흙이 튈 수도 있기 때문이기에 가드 레일로 차도와 보도가 나뉘어져 있는 곳에서는 해당되지 않습니다. 이외에도 계속해서 '안 추워?', '다리 안 아파?'와 같이 걱정하는 말도 아무 의미 없이 계속하기만 하면 '일단 말을 뱉고 보는 느낌'이 들게 됩니다. 이 행위에 '상대방을 생각하면 어떤 의미가 있는가'를 이해하고 상대방을 배려하는 일이 중요합니다.

라면 더더욱 파악이 어렵습니다. 데이트를 통해서 판단하는 내면이란 마이너스 요소인 측면이 강하며 그리고 단순한 것입니다.

구체적으로는 '화를 잘 낸다'나 '너무 조용하다', '스트레스를 잘 안 받는다', '스트레스를 잘 받는다' 정도의 기준으로만 판단합니다. 그중에서도 '화를 잘 낸다', '스트레스를 잘 받는다'는 상대방에 대한 인상을 매우 안 좋게 만드니 주의를 해야 합니다.

말이 거칠거나 화가 난 티를 많이 내는 사람은 특히 주의합시다.

상대방을 대하는 태도

데이트 중에 상대방을 대하는 태도는 '본인에 대한 배려'와 '연애 시점에서의 어필'로 나눕니다.

먼저 '본인에 대한 배려'란 '재치가 있는가'라는 뜻입니다. 걸어갈 때 차도 쪽을 남성이 걷는다, 여성의 걷는 속도에 맞춘다와 같은 어느 정도는 정형화된 여성에 대한 배려가 가능한지를 봅니다.

'연애 시점에서의 어필'이란 '자신은 상대방이 연애대상으로서 흥미가 있어요'라는 태도를 나타내는 것입니다. 이러한 태도를 보이지 않으면 상대방이 자신을 연애 대상으로 보지 않고 그냥 친구나 아니면 좋은 사람으로밖에 생각하지 않아서 막상 고백했을 때 실패할 가능성이 높아집니다.

그래서 데이트 중에는 특히 '좀 더 같이 있고 싶다', '좀 더 상대방에 대해 알고 싶다'와 같은 어필을 종종 하는 것이 중요합니다. 다음에 만날 약속을 지금 만나고 있을 때 하거나 상대의 내면을 더욱 자세히 알려고 하는 발언을 데이트 중에 해야 합니다.

대화를 기본으로 하는 커뮤니케이션

구체적인 대화의 요령은 자기 이야기를 2개 하고 상대 이야기를 3개 듣는 비율로 이야기를 나누는 것입니다. 자신의 이야기만 하는 것은 논외로 칩니다만 데이트 중에 자신에 대해 어필하는 것 역시 필요하기에 상대보다도 빈도가 떨어지는 정도로 자신의 이야기도 합시다.

또한 대화 중에는 '부정', '자만', '자학'의 3가지는 절대로 피하도록 합시다. 데이트 중의 대화는 논의가 아닌 만큼 상대와 얼마만큼 대화를 오래할 수 있는지가 중요합니다. 상대의 발언이 논리적으로 틀렸다 하더라도 걸고 넘어지지 말고 그대로 내버려두는 것이 현명한 판단입니다.

'자만', '자학'에 대해서는 상대방에게 있어 매우 반응하기 어려운 것입니다. 대화 분위기를 나쁘게 만들고 자신의 평가를 급격히 떨어트리니 절대로 피해야 합니다.

다음 데이트 예정은 데이트 중에

먼저 만나서부터 교제에 이를 때까지의 데이트는 연쇄적입니다. 그리고 만나고 나서 교제에 이를 때까지 올려야 하는 친밀도는 만나지 않는 날이나 시간이 길어질수록 저하합니다.

따라서 매일 연락을 빠트리지 않고 하는 것뿐만 아니라 데이트 역시 연속성을 가져야 하는 것이 친밀도 향상에 도움이 됩니다. 데이트 중에 다음 데이트 약속을 잡는

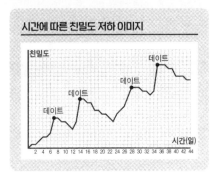

시간에 따른 친밀도 저하 이미지

것으로 지금이라는 시간과 다음 데이트라는 미래의 시간까지 친밀도가 선이 되어 연결이 되고 관계가 다음 데이트 때까지 약속됩니다.

또한 데이트 중에 다음 데이트 제안을 하는 일은 상대방에게 '흥미가 있다'라고 어필을 할 수 있는 것뿐만 아니라 데이트에서 가장 문제가 되는 '어디에 가서 무엇을 하는가를 절충하는 일'을 서로 마주보며 할 수 있기에 자연스럽게 끝낼 수 있는 것 역시 장점으로 들 수 있습니다.

예를 들어 메시지를 하루에 10번을 주고 받으며 일주일 가깝게 들여서 다음에 갈 가게나 장소를 정하는 일도 직접 만나서 이야기를 하면 5분 정도에 끝낼 수도 있습니다. 또한 데이트 중에 다음 데이트를 생각한다는 목적이 있다면 데이트 중에 이야기거리가 되기도 하고 같이 서점에 들르는 것과 같은 새로운 데이트 전개가 보이기도 할 것입니다.

Column

대화와 시선

대화 중에 시선을 맞추는 것이 가장 기본 원칙입니다. 많은 여성들에게 있어 시선을 맞추지 못한다는 점 하나만으로도 점수가 깎입니다. 이것 말고도 두리번거리며 시선이 한 군데 고정이 되지 않는 것 역시 마찬가지입니다. 자신이 없어 보이기 때문입니다.

눈을 맞추는 것이 부담스러운 사람은 상대방 얼굴의 미간이나 콧날과 같이 눈과 가까운 부분을 보아도 괜찮습니다. 또한 시선을 항상 맞출 필요는 없습니다. 생각하고 있을 때에 시선을 돌리거나 상대나 자신이 발언하고 있을 때 맞추는 등 때때로 시선을 돌리는 것도 괜찮습니다.

'어른의 교제'에는 미래가 얽힌다

어른에게 있어 연애란 놀이보다는 앞으로 같이 지낼 가족을 찾는 면이 강하다고 할 수 있습니다. 이는 여성에게 있어서도 마찬가지일 가능성이 높기 때문에 데이트를 통해서 서로를 알아간다는 것은 함께 살아갈 수 있는가라는 판단으로 이어집니다.

또한 인생을 설계하는 데 있어서도 어느 정도 구체적인 편이 여성이 안심할 수 있는 점 역시 중요합니다. 아무리 성격이 잘 맞는다 하더라도 결혼 의사나 아이를 몇 명 가질지에 대한 부분에 대해 절충이 되지 않으면 연애, 결혼까지는 이어지지 않을 것입니다.

인생 설계에 대해서는 반드시 데이트를 하면서 직접 상담을 하는 것이 좋습니다. 메시지로 '결혼은 언제까지 하고 싶나요?'라고 물어보는 것과 카페에서 식사를 하고 있을 때 다른 손님이 아이들을 데리고 들어왔을 때 '결혼할 생각은 있나요?'라고 물어보는 것과는 대답하는 데 있어 쉽고 어려움의 차이가 큽니다.

여성에게 있어서는 출산에 대한 나이 문제나 자기 자신이 몇 살까지는 결혼을 하고 싶다는 현실적인 계획을 가지고 있는 경우도 있을 것입니다. 그래서 가능한 한 남성 측에서 결혼 의사가 있는 것이나 몇 년 후까지는 어떤 모습으로 지내고 싶다와 같은 계획성을 어필하면 점수를 따기 쉬워집니다.

또한 미래에 대한 이야기거리로 가족과 사이가 좋다와 같이 관계에 대한 이야기나 일이 얼마만큼 힘드는가와 같은 '만약에 이 사람하고 결혼한다면 어떻게 될까' 같은 이미지를 상상하기 쉽도록 자기 자신의 주변환경에 대해 적극적으로 이야기를 하는 것 역시 추천합니다.

Column

자기 주관이 없으면 상대는 불안해한다

어른의 연애에 있어서 상대방의 결혼에 대한 전망은 연애의 성공과 크게 연관되어 있습니다. 결혼의사가 없음에도 불구하고 상대방한테는 결혼의사가 있는 것처럼 보인 경우에는 문제가 심각해집니다.

마찬가지로 결혼의사가 있는 여성에 대해서 결혼의사나 미래에 대한 전망이 모호한 상태로 만나게 되면 상대방이 '과연 이 사람과 사귀어도 될까'라며 불안해합니다. 자기 자신이 무엇을 하고 싶은가, 왜 연애시장에 뛰어들었는가를 스스로 이해하고 이를 상대방에게 어필하는 것이 중요합니다.

데이트와 금전부담, 금전감각

데이트를 통해서 알 수 있는 포인트 중에서는 금전감각을 빼놓을 수 없습니다. 연애에 있어서 금전감각은 상대방에게 어느 정도 비용을 낼 것을 요구하는가와 자기 자신이 얼마큼 돈을 쓰는 사람인가의 2가지로 나눌 수 있습니다.

먼저 상대방에게 어느 정도 비용을 낼 것을 요구하는가는 데이트를 할 때 발생하는 비용을 어느정도 비율로 분담하는가라는 것과 데이트 계획에 있어서 두사람의 예산에서 명확하게 드러납니다.

전자에 대해서는 사람에게 있어 가치관이 다르기는 하지만 일단 식사 등을 하고 나서 계산을 할 때는 남성이 한꺼번에 내고 여성이 나중에 돈을 건네 준다면 받도록 합시다. 이때 잔돈까지 나누는 것은 좋은 인상을 남기지 못하기 때문에 만원 단위 정도에서 끊어 내는 것을 추천합니다. 또한 계산을 하고 돈을 받지 않고 '다음에 갈 가게에서 계산해요'라고 이야기를 해도 되지만 '다음 계산'이 비싸게 나오지 않도록 주의를 해야 합니다.

또한 데이트 계획의 총액에 대해서는 초반에는 식사를 할 때는 약 3만 원 이내로 묶어두는 편이 좋습니다. 여성이 얻어먹기를 좋아하지 않는 경우 비싼 가게에서도 자신이 내겠다고 생각해서 결과적으로 '금전감각이 맞지 않는다'고 판단할 위험성이 있습니다.

Column

데이트 1번의 예산

일반적으로 데이트 비용 금액은 식사를 포함해서 한 번에 약 3만 원~4만 원 정도로 해두는 것이 연봉 약 4천만 원~5천만 원 정도의 남녀에게는 적당합니다. 한달에 2번 데이트로 10만원이 넘으면 이를 취미생활에 들이는 돈이라 생각하면 적지 않은 돈이기에 어떻게 보면 한계금액이라 할 수 있겠습니다. 참고로 2017년도 가계조사에 따르면 35세 이상이 취미 오락에 들이는 금액은 평균 약 21만 원 정도입니다.

또한 데이트 예산을 정할 때는 상대방의 수입도 고려해야 합니다. 서로 같이 돈을 내는 경우 만약 상대방의 수입이 자신보다 낮은 경우 더치페이를 했을 때 상대방의 부담이 절대적으로 커져서 데이트를 거듭할수록 경제사정이 힘들어집니다.

데이트의 빈도

직업이 있는 어른에게 있어서 친구의 결혼식, 치과진료, 쇼핑 등 여러 가지 할 일을 주말이나 일이 끝나고 나서 해치워야만 합니다. 따라서 데이트 때문에 평소의 스케줄이 너무 빠듯하면 상대방과의 관계를 성가시게 느낄 수도 있습니다.

무리 없이 자연스러우면서 친밀도를 순조롭게 올릴 수 있는 페이스는 1, 2주간에 1번 정도의 데이트입니다. 이때 중요한 것은 페이스가 서로의 동의를 바탕으로 잡는 것이며 첫 데이트를 할 때 평소 일이 얼마나 바쁜가와 취미로 쓰는 시간 등을 사전에 파악하고 다음 데이트 예정을 잡고 이후에 두사람에게 잘 맞는 빈도를 찾도록 합시다.

또한 데이트라 하더라도 매번 사전에 준비를 해서 예정을 잡을 필요는 없습니다. 어른에게 있어서 일이 빨리 끝나는 날도 있으면 그 반대 경우도 있습니다. 이럴 때는 가볍게 '오늘 혹시 시간 괜찮으면 같이 저녁식사 어때요?'라고 즉흥적으로 신청을 하는 것도 방법 중 하나입니다.

Column

health and physical education for over forty

원거리연애

일반적으로 만날 때까지 2주일 이상 걸리는 환경에서 하는 연애를 원거리연애라고 합니다. 원거리연애에서는 서로의 예정을 확실히 맞추지 않으면 데이트를 하기 어려우며 일이 끝나고나서 한가하니까 만나자와 같이 가볍게 만나는 일도 어렵습니다.

그렇기 때문에 원거리연애에서는 친밀도를 높이는 방법으로서 메시지를 주고받는 일을 중심으로 커뮤니케이션을 매일 하는 것 이외에도 스케줄이 맞을 때는 음성통화를 하는 것 역시 중요합니다. 직접 만날 수 없는 만큼 목소리로 보충하는 일이 친밀도를 올리는 데 아주 큰 도움이 됩니다.

직접 만나는 것이 1개월이나 2개월에 1번이었다 하더라도 음성통화는 1주에 2번정도 해도 문제는 없습니다.

또한 오랜만에 만나는 데이트 날에는 모처럼 만나는 만큼 먼 곳으로 데이트를 하러 가거나 조금 비싼 가게에서 식사를 하는 것도 괜찮습니다. 다만 이러한 데이트 내용은 사전에 음성통화로 상대방과 상담하도록 합시다. 물론 데이트 스케줄은 좋은 이야기거리가 될 수 있으니 상대방의 취미나 하고 싶은 일을 자세히 알아내서 데이트 당일로 이어갑시다.

자신과 상대방의 가치관을 생각하자

데이트는 친밀도를 높이는 것과 동시에 상대의 가치관이 자신과 맞는지를 확인하는 장입니다. 하지만 완전한 사람은 세상에 존재하지 않듯이 자신이 상대에게 원하는 가치관과 완전히 합치하는 사람은 존재하지 않습니다.

그래서 데이트를 거듭하는 가운데 자신과 상대의 가치관의 차이를 이해하고 이 차이를 메울 수 있는지를 검토하는 시간을 가지는 것이 어른의 연애에서는 하나의 수단입니다. 또한 이때 가치관뿐만 아니라 자신과 상대방이 진짜로 원하는 것이 무엇인지를 이해하는 일이 연애관계로 나아갈지의 검토재료가 되는 것은 물론이고 연애관계로 나아가고 싶을 때에 성공을 좌우합니다.

상대와 자신의 가치관을 이해하기 위한 구체적인 방법은 가치관·상대방에게 원하는 것을 '외관', '내면'으로 분할해서 요소별로 분해해서 정리하는 일입니다. 하기 표에 따라서 같은 요소에 대해 자신과 상대방이 원하는 것을 정리하고 차이가 나는 경우에는 해결방침을 적어 둡시다.

일단 외관에 대해 원하는 것은 패션, 헤어스타일 등 비교적 바꾸기 쉬운 요소들입니다. 또한 상대방이 자신에게 어떤 외관을 원하는지를 아는 기회는 좀처럼 오지 않습니다. 그래서 길을 걷다가 '어떤 스타일로 갖춰 입는 게 좋은가' 등을 물어보면 좋을 것입니다.

또한 내면에 관한 가치관의 차이는 금전감각, 시간관념, 취미, 젠더 관

서로의 가치관 대응 관계

		자신	상대방
외관	자신의 패션	체크셔츠와 데님으로 충분	잘 어울리기만 하면 어떤 옷이든
	상대방의 패션	베이직하며 차분한 옷을 입었으면	캐주얼 한 옷을 입고 싶다
	자신의 헤어스타일	머리가 벗겨져도 신경 쓰지 않음	탈모치료를 했으면 좋겠다
	상대방의 헤어스타일	숏 커트를 해줬으면 좋겠다	롱 커트를 하고 싶다
내면	취미	게임	게임
	젠더 의식	맞벌이를 하고 싶다	전업주부가 되고 싶다
	금전감각	가성비 중시	가격은 비싸면 비쌀수록 좋다
	시간관념	저녁형 인간, 시간관념이 느슨하다	아침형 인간, 시간관념이 확실하다
	결혼관	결혼하고 싶다	결혼하고 싶다
	서로에 대한 의존도	매일 만나고 싶다	1주일에 한번 정도 만나고 싶다

점, 의존도 그리고 결혼관 등을 들 수 있습니다. 그중에서도 특히 중요한 것은 물론 결혼관입니다. 결혼관이 어긋나면 어른의 연애는 파탄되기 쉬운 만큼 반드시 우선적으로 이해를 하고 차이가 있다면 서로 다가갈 방법을 검토합시다.

또한 교제로 발전, 계속 이어 나갈 때 의외의 복병이 의존도와 젠더 의식입니다. 먼저 의존도는 연락빈도나 얼마만큼 같이 있고 싶어하는지 같은 바꿔 말하자면 속박의식의 차이입니다. 의존성의 강약이 맞지 않으면 연락이 계속 와서 마음이 편치 않는다, 좀 더 관심을 가져줬으면 좋겠다 등의 차이 때문에 연애관계가 쉽사리 끝날 수도 있습니다.

젠더 의식이란 남녀의 사회적 역할에 관한 감각의 차이입니다. 남존여비까지는 가지 않더라도 남성측이 무언가를 솔선해서 정하고 싶다고 생각하고 있거나 여성이 전업주부를 처음부터 하고 싶어하는 일 등 성별에 의존한 가치관은 바꾸기 어려울 뿐만 아니라 무엇보다 교제, 결혼의 형태에 직접적으로 영향을 미칠 것입니다.

또한 가치관을 정리하기 위한 정보는 데이트 중에 조금씩 수집해서 3번째 데이트 때까지를 기준으로 서로의 차이를 확실하게 알 수 있도록 노력해야 합니다.

그리고 차이를 한번에 볼 수 있게 되었을 때 다시 한번 자신과 상대방을 객관적으로 보고 교제 후의 미래상을 의식하도록 합시다.

Column

자신과 상대방의 차이를 정리하자

자라난 환경이 다른 두 사람에게 있어서 서로 다른 것은 정말로 당연한 일입니다. 연애관계에서는 다른 것을 전제로 서로가 다가가는 것이 정말로 중요합니다. 그렇게 하지 않으면 상대방의 싫은 점이 될 수도 있어서 다툼의 원인이 되기도 합니다.

하지만 차이를 인정하는 데 중요한 것은 생활하는 데 있어 작은 차이를 절충하는 것뿐만 아니라 관계가 깊어져 가면서 용서할 수 있는 범위를 넓히는 것을 목표로 하는 것 역시 중요합니다.

우선은 연락은 더 많이 했으면 좋겠다, 섬유유연제는 이걸 쓰고있다 등 서로의 구체적인 취미나 차이를 전제로 다른 점이 어떤 것인지를 정리, 의식하고 어떻게 하면 차이를 전제로 서로 다가갈 수 있는지를 두 사람이서 진지하게 생각해봅시다.

이러한 공동작업을 계속하다 보면 쌍방이 서로를 신뢰할 수 있어서 친밀도가 올라갑니다. 이 단계까지 다다르면 상대방의 나와는 다른 점조차도 사랑스러워질 것입니다.

손을 잡는 타이밍, 분위기 만들기

데이트의 전형적인 단계는 첫 데이트 2번째에 손을 잡고 3번째에 키스와 고백입니다. 손을 잡는 일은 두사람의 거리를 거의 연애관계라고 평가하는 것을 의미합니다.

손을 잡는 타이밍

먼저 손을 잡기 위해 양해를 구할 필요는 없습니다. 분위기로 괜찮겠다 싶으면 손을 잡읍시다.

괜찮을지에 대한 판단은 서로의 피부가 닿는 일이나 거리가 얼마나 가까운지를 보고 하는 것이 좋습니다. 우연히 손가락 끝이 닿거나, 서로 같이 옆에 앉아서 식사를 하거나 지하철에 탔을 때 어깨가 닿으면 서로의 존재가 더욱 인식이 잘 되어서 조금 더 쉽게 손을 잡을 수 있습니다.

상황으로 보자면 걸어갈 때가 손을 잡기 가장 쉬운 상황입니다. 그렇지만 걸어가고 있는 도중보다는 가게를 나올 때나 화장실을 갔다 와서 합류를 할 때와 같이 데이트 시간이 일단락 지어진 타이밍이 좋습니다.

또한 술이 들어간 경우에는 가게를 나왔을 때 두 사람이 기분 좋아진 상황일 것입니다. 가게를 나온 타이밍이나 역까지 걸어가는 도중에 손을 잡으면 성공확률이 올라갑니다.

손을 잡는 것을 거절당했다면

손을 잡으려 했는데 뿌리치거나 몇 초 잡고 손을 놓는 일도 있을 수 있습니다. 이는 물론 연애관계는 아직 멀다는 의미도 있는 한편, 상대도 어른 여성인 경우에는 자신들의 나이를 감안해서 '이 나이에 부끄럽다'고 생각해서 손을 잡는 것을 거절하는 경우도 있습니다. 그래서 처음에 손을 잡을 때는 사람들이 별로 없는 한가한 곳이나 어두워지고 난 뒤를 노리는 편이 좋습니다.

키스의 타이밍, 분위기 만들기

키스를 하는 것은 손을 잡는 것과는 다르게 사귀는 것과 같은 의미입니다. 따라서 원래대로라면 고백을 해서 관계가 확정되고 나서 키스를 하는 것이 맞습니다만 순서가 뒤바뀌거나 동시에 해도 문제는 없습니다. 순서가 뒤바뀌더라도 키스가 가능한 조건은 변함이 없기 때문에 우선은 어떤 때에 키스가 가능한 조건인지에 대해 생각합시다.

키스가 가능한 조건

키스가 가능한 조건은 친밀도가 사귀어도 좋다고 생각하는 수준에 도달한 것입니다. 하지만 친밀도는 일정치를 넘어가면 불안정해져서 그때그때 분위기로 변동합니다.

그래서 일정 횟수 데이트를 거듭한 상태이고 자신이 연애대상으로서 상대방을 보고 있다는 점을 어필한 경우에는 키스를 할 수 있는지는 상황에 의존합니다. 일반적으로는 이를 분위기라고 부릅니다만 이 분위기를 분해하면 '시간', '단 둘이', '침묵' + '술기운'입니다.

그리고 이러한 조건은 어느 정도 노리지 않으면 갖춰지지 않습니다. 일단 시간에 대해서는 양쪽 다 부끄러울 수 있으니 어두운 밤 시간대가 좋습니다. 부끄러움만 없어지면 밤이 아니더라도 문제없는 경우도 있습니다. 또한 사람들 앞에서 하는 행동이 아니라는 의식이 강하기 때문에 단 둘만 있는 타이밍에서 합시다. 거기에 대화가 끊겼을 때를 노립시다.

이것들을 종합하면 데이트가 끝나갈 시간대에 드라이브를 끝내고 돌아갈 때의 휴식중의 차 안이나 야경이 보이는 벤치에서 손을 잡으면서 대화를 나누고 둘이서 오늘 하루를 돌아보다가 문득 대화가 끊겼을 때 등이 이상적인 상황입니다.

또한 첫 키스는 천천히 얼굴을 가까이 다가가서 입술에 가볍게 닿는 정도로 괜찮습니다. 그리고 길어도 2~3초에는 입술을 떼도록 합시다.

고백

고백이란 서로가 연애관계가 되는 일을 제안하는 결의입니다. 결론부터 이야기하자면 어른의 연애에서는 연애 그 다음에 있는 결혼을 생각하는 경우가 많기 때문에 고백을 하는 게 가장 좋습니다.

원래 고백이란 관계를 확정 짓는 것뿐만 아니라 앞으로 상대를 소중히 여긴다는 의식을 상대방에게 표시하는 일입니다. 그래서 순간의 분위기나 성의 없는 방법으로는 거절당하는 것은 물론이고 자기 자신의 평가를 큰 폭으로 떨어트리니 주의해야 합니다.

예를 들어 술을 마신 상태에서 고백을 하거나 상대방의 눈을 보지 않고 고백을 하면 상대방이 '정말로 괜찮을까'라고 불안해할 수 있고 이는 실패로 이어질 가능성이 높습니다.

고백 문구

고백 문구는 간단해도 됩니다. '좋아합니다', '사귀어주세요'와 같은 감정과 이에 대해 어떻게 할 것인지를 확실하게 말하는 것이 포인트입니다.

말을 꺼내는 방법에 대해서는 '중요한 이야기가 있는데 들어주세요'와 같이 지금부터 중요한 이야기가 시작된다 라고 상대방에게 마음의 준비를 할 시간을 주고 난 후에 고백을 합시다.

Column

health and physical education for over forty

고백과 연출

당연하게도 상대의 기분이 좋고 즐거운 분위기일 때 고백을 하는 것이 성공할 확률이 높습니다. 그래서 생일과 같이 축하하는 날 등 특별한 날에 맞춰서 고백을 하면, 평소에 느끼지 못하는 '축하를 받았다'는 기쁨에 휩쓸려서 고백이 성공할 확률이 올라갑니다.

또한 반지 같은 건 필요가 없지만 꽃 한송이 정도라면 방해가 되지 않고 이때의 추억이 기억에 남으니 추천합니다. 또한 이외에 비싼 것을 건네주려 하면 '돈의 힘으로 어떻게든 해보려 한다'고 상대방이 생각할 위험성도 있고 '뭔가 부담돼서 거북스럽다'고 생각할 가능성도 있으니 피하는 편이 무난합니다.

40세의 보건체육
health and physical education for over forty

4th chapter :
Adult sex

제 4 장
어른의 섹스

기적적으로 3회전을 돌파해서 고백도 성공한 나는 요시다 씨와 교제를 시작했다.

나도 즐거웠어요.

오늘 고마워요.

천천히 깊은 관계를 맺고 싶지만 여기서 중대한 벽이…

아 그…저기…

HOTEL♡LOVE

HOTEL♡LOVE
숙박 ¥8,000~
휴식 ¥5,000~

IN

그럼 다음에 봐요!!

하아~아….

공기 나빠지니까 한숨 좀 그만 쉬어.

배려하는 마음이 요만큼도 없냐 너는….

표정이 썩었구만, 중년아저씨 뭔 일 있었어? 사랑의 여신이 이야기를 들어줄게. ㅜㅜ

크윽… 굴욕적이지만 고민하는 것도 사실이니….

사실은 말이야….

그…

경험이 별로 없어….

아~ 동정이지? 벌써 알고 있어.

내가 말이지 동정한테 우선적으로 나타나는 시스템이거든.

도도도 동정 아니야!! 어디까지나 경험이 적은 것뿐….

신에게 거짓말 따위 소용없어!!

네…맞습니다… 사실은 미사용 신품이에요….

이런 저 따위가 여자친구를 만족시킬 수 있을지 불안하고 또 불안해서….

환멸감을 느끼고 날 차고 끝날 거야….

어른의 섹스와 목적

젊었을 때는 '섹스하고 싶다!'라는 성욕을 채우기 위한 목적이 섹스였던 것에 비해서 어른의 경우에 섹스는 두 사람의 사이를 깊게 해주고 이후의 관계를 지속시키기 위한 수단인 경향이 강해집니다.

일단 섹스란 서로 다른 타인이 연결되는 행위이며 쌍방에 대한 신뢰가 없으면 불가능합니다. 이런 점에 있어서 친밀도가 높으면서 연인관계가 아니라면 섹스까지는 도달하지 못합니다. 하지만, 연애의 끝에는 관계의 유지나 결혼이 기다리고 있으며 섹스는 통과점 중의 하나이자 이정표 중의 하나입니다. 따라서 '섹스를 할 수 있는 관계가 된다'를 목표로 하는 편이 어른에게 있어서는 중요합니다.

또한 친밀도가 올라가지 않으면 섹스를 못하는 한편 섹스에 의해 더욱 친밀도가 극적으로 향상되는 경향도 있습니다. 섹스가 친밀도를 향상시키는 점에 대해서는 섹스에 의해 서로를 신뢰하는 호르몬이 분비되어 사이가 더욱 깊어지는 면과 섹스 중의 거리가 물리적으로 가깝고 알몸으로 행위를 같이하기 때문에 상대방과 더욱 진심으로 대화를 할 수 있는 일로 나뉩니다.

어른의 섹스에서 중요한 것은 후자로 결혼이나 관계의 유지를 생각하고 나서 서로의 본심을 섹스가 끝나고 필로 토크에서 밝히는 일은 커다란 힘이 됩니다.

Column

섹스의 고정관념을 버리자

섹스 그 자체를 아는 데는 포르노를 보면 충분합니다. 하지만 이러한 동영상은 어디까지나 행위만을 잘라낸 것이고 동영상의 시청자라는 타인의 시점을 의식하고 있는 점에서 실제 섹스와는 전혀 다른 것입니다.

특히 포르노가 주장하는 것은 섹스가 수반하는 '쾌락'입니다. 동영상 안에서는 행위에 의해 남녀는 과도하게 절정을 맞이하거나 때로는 쾌락을 증폭시키기 위해 도착적인 행동에 빠져듭니다.

하지만 연애나 결혼이 이어져 있는 현실의 섹스에서는 쾌락만이 아니라 이로 인해 얼마만큼 친밀도가 올라가고 서로의 애정이 행위라는 결과로 이어지는지가 중요합니다.

애정표현의 섹스

어른의 섹스는 어떤 것인지를 생각하고 나서 섹스가 애정표현의 한 가지라는 사고방식은 매우 중요합니다. 구체적인 행위의 세세한 부분에서 고민에 빠졌을 때 '애정표현으로서 성립하는가'를 생각하는 것으로 적절한 궤도수정이 가능할 것입니다.

먼저 섹스에 있어서 애정표현을 구성하는 요소는 '상냥함'과 '서두르지 않는 것'입니다. '상냥함'이란 자기중심적이 아닌 두 사람이 기분 좋은 시간을 보내기 위한 배려와 물리적인 의미에서 접하는 방법이 상냥한 것 2가지로 나눕니다.

'서두르지 않는 것'이란 섹스를 하고 싶은 나머지 급하게 행위에 돌입하는 것이 아니라 분위기를 만들고, 손을 잡고, 키스를 하는 것과 같이 프로세스를 순서대로 밟아서 섹스에 도달하는 일입니다.

섹스에 단숨에 도달하려고 하면 특히 경험이 적은 여성에게 있어서는 너무 빠른 전개에 혼란스러워지는 한편 '내 몸이 목적이었던 것 아니야?'라고 쓸데없는 걱정을 하는 경우도 있습니다.

이와 같이 섹스에 있어서 애정표현인지 아닌지는 자기중심적인지 아닌지라고 바꿔 말할 수 있습니다.

Column

섹스가 가져오는 효능과 착각

섹스를 하면 옥시토신이라는 사람을 신뢰하기 쉬워지고 안심하게 만드는 호르몬이 분비됩니다. 그래서 섹스를 통해서 두 사람의 사이가 깊어질 뿐만 아니라 상대방을 더욱 좋아하게 됩니다.

하지만 상대방과 쾌감을 얻는 일과 관계가 없지는 않습니다만, 많은 여성들에게 있어서는 섹스에 대한 물리적인 쾌감보다 정신적인 충족이 기분 좋은 감정과 더 많이 연관되어 있습니다.

따라서 행위 그 자체에서 상대방의 기분을 좋게 만들려 하지 말고 머리를 쓰다듬거나 스킨십을 하거나 키스를 제대로 하는 것과 같이 삽입 이외의 요소에도 확실하게 시간을 들이는 것이 중요합니다.

경험이 없는 것은 솔직하게

어른이 될 때까지 한 번도 섹스를 한 경험이 없는 경우에는 그 자체만으로도 꺼림칙한 기분이 들기도 할 것입니다. 섹스를 할 수 있을 것 같은 상황이 현실적으로 찾아오면 인터넷에서 섹스 체험담이나 이 책과 같은 How to를 머리에 때려 넣고 실전에 도전하는 것과 같은 흐름은 자연스러운 것입니다.

하지만 결론부터 이야기하자면 배우는 일은 좋은 것이지만, 경험이 없는 것을 있다고 거짓말하는 것은 NG입니다. 순조롭게 진행이 되지 않고 실패해서 결국에 들통나기 마련입니다.

이외에도 허영을 부려서 예를 들면 '잘 기억은 안 나는데 취했을 때 경험했을지도'라든가 '미묘하게 경험은 있어'와 같이 군색한 표현은 금방 들통이 나니 주의해야 합니다.

또한 사람에 따라서는 섹스를 해봤던 쪽이 좋다 라는 가치관을 가지고 있는 사람도 있을 것입니다. 하지만, 섹스를 많이 했던 사람은 불량한 인상과 불결한 인상을 주기도 해서 결혼을 생각한 연애에서는 오히려 감점 요소가 됩니다.

경험이 없는 경우에는 솔직하게 처음이라는 점을 상대방에게 고백하는 것이 좋습니다. 또한 경험이 없다는 것을 고백하는 것은 침대에 들어가고 나서 해도 괜찮습니다.

Column

솔직해지는 것이 가장 빠른 길

섹스 경험에 솔직해지지 못하는 이유 중 하나는 자신이 동정이라는 것에 대한 열등감입니다. 하지만 미혼자가 많은 것이 간접적으로 보여주듯이 어른이 되고 나서도 동정은 흔히 있는 일입니다. 그리고 마찬가지로 처녀도 다수 존재합니다.

무엇보다 어른이 연애를 시작하기 위해 매칭 어플리케이션 등 여러 가지 만남의 서비스를 이용하고 그래서 이성과 만나는 시점에서 남녀모두 그때까지 이성과 별로 인연이 없었을 가능성이 높다고 생각해도 문제는 없을 것입니다. 그래서 성경험이 없는 것을 밝혀도 문제가 없는 경우가 많으며 오히려 두 사람이서 지금부터 시작한다는 즐거움이 생겨날 것입니다.

그리고 성과 같이 지극히 사적인 일인 만큼 솔직한 태도가 그 사람의 인간성에 대한 판단으로 이어집니다. 상대를 성실하게 대한다면 동정이라고 해서 부끄러워할 필요는 없습니다.

어른의 섹스는 '천천히' 해도 좋다

어른뿐만 아니라 같이 있는 것 자체가 목적인 섹스에서는 전개에 속도는 필요 없습니다. 오히려 서두르지 말고 시간을 들이는 편이 만족도가 높아지기 마련입니다.

포르노에서 묘사되는 키스, 전희, 삽입으로 20분 정도의 섹스 볼륨은 짧기에 분위기를 만드는 것부터 필로 토크까지 합쳐서 아무리 짧아도 1시간은 필요합니다. 특히 이제 막 사귀기 시작했거나 서로가 섹스에 익숙해져 있지 않을 때는 시간을 들이는 것이 마음의 안정으로 이어져서 당초의 목적인 '정신적으로 이어져 있다는 느낌'이 충족될 것입니다.

그리고 섹스에 도달할 때까지의 속도 역시 천천히 해도 상관없습니다. 동정과 처녀의 경우와 같이 서로가 혹은 어느 한쪽이 경험이 잘 없는 경우에는 첫번째 잠자리에서 마음먹은 대로 안 되어서 삽입을 못하거나 무서워져서 실패를 하는 가능성도 있습니다.

이럴 때에는 무리해서 섹스를 할 필요는 없습니다. 둘이서 같이 천천히 걸어가는 도중에 섹스가 있다는 정도로 생각합시다.

Column

섹스를 하기 전의 몸가짐

섹스를 하기 전의 몸가짐에는 '손톱을 깎기', '청결한 페니스'를 들 수 있습니다. 여성의 피부에 닿았을 때 상처를 입힐 뿐만 아니라 클리토리스나 질에 닿았을 때 상대방에게 통증을 줄 수도 있습니다. 물론 손톱 사이의 때도 상대방에게 불쾌감을 줄 수 있으니 데이트를 할 때는 물론이고 섹스를 할 때도 손톱을 확실하게 짧게 깎아서 준비를 합시다.

그리고 '청결한 페니스'란 평소부터 페니스를 청결하게 관리해서 냄새나 더러운 부분이 없도록 신경을 써야 하는 것입니다. 특히 포경인 경우에는 위생적인 상태를 유지하는 것이 어렵기 때문에 교정을 하거나 꼼꼼히 잘 씻는 것을 유념해야 합니다.

섹스와 체력

섹스는 운동입니다. 지구력을 요구하며 게다가 평소에 사용하지 않는 근육을 혹사시킵니다. 원래 자기 손밖에 움직이지 않는 자위행위조차 100미터를 전력질주한 만큼의 운동량에 해당한다고 하니 몸을 능동적으로 움직이는 섹스는 더 많은 체력을 요구할 것입니다.

이러한 운동은 20대 전반이라면 모르겠지만, 30대를 넘어선 어른에게 있어서는 평소에 어느 정도 운동을 해두지 않으면 막상 필요할 때 체력이 부족해서 제대로 섹스를 못하는 일이 발생할 수도 있습니다.

또한 인간의 몸은 여성이라 하더라도 매우 무거워서 체위를 바꾸기 위해 상대방의 몸을 지지하는 것에도 근력이 필요합니다.

이와 같은 지구력과 힘이 부족해서 섹스 중에 피로가 빨리 찾아와서 결과적으로 섹스 중에 발기가 풀리는 발기부전으로도 이어집니다.

Column

운동 부족의 대가

섹스에 필요한 체력이 부족하거나 평소에 운동을 하지 않으면 발기부전의 위험성뿐만 아니라 몸에 쥐가 나는 경우도 있습니다.

섹스에서는 평소에 쓰지 않는 근육을 쓰거나 부자연스러운 자세를 취하기도 합니다. 그 결과 예를 들어 정상위 중에 가랑이 안쪽에 쥐가 나거나 좌위를 해서 허리를 다칠 가능성도 있습니다.

이런 일을 방지하기 위해 일상적으로 걷는 것을 염두에 두거나 근력운동을 해서 힘을 기르는 것이 중요합니다. 특히 허리와 팔은 섹스 중에 혹사당하는 포인트이니 중점적으로 힘을 기르는 것이 좋습니다.

이외에도 손으로 여성기를 애무할 때의 팔 근육도 무시하지 못합니다. 일정한 리듬으로 클리토리스를 계속해서 애무하는 것만으로도 손가락 끝을 몇 분간 움직일 수 없게 됩니다. 섹스를 경험하고 이 근육이 모자라다고 느꼈다면 훈련을 하는 것이 중요합니다.

나이와 성욕

먼저 남성의 성욕은 나이가 들수록 저하합니다. 성적인 일에 대해 흥미가 떨어지는 것뿐만 아니라 발기가 잘 안되거나 사정하고 부활할 때까지 시간이 오래 걸리고 며칠이 지나지 않으면 성욕이 부활하지 않는 일은 모두 나이가 들어서 성욕이 저하했기 때문입니다.

나이가 들어서 생기는 성욕 저하에 대항하기 위해서는 운동과 식생활의 개선이 효과적입니다. 운동 부족에 의해 근육의 운동량이 줄어들면 남성호르몬인 테스토스테론의 분비량이 저하하고 이것이 성욕 저하로 이어지는 만큼 적절한 근력운동을 해주는 편이 좋습니다.

잘못된 식생활은 정자를 만드는 능력을 떨어뜨리기 때문에 아연, 셀레늄, 비타민B군을 적극적으로 섭취해서 몸 안에서부터 성욕 감퇴와 맞서야 합니다.

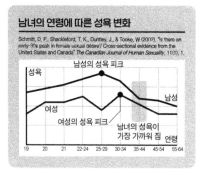

남녀의 연령에 따른 성욕 변화

Schmitt, D. P., Shackleford, T. K., Duntley, J., & Tooke, W (2002). "Is there an early-30s peak in female sexual desire? Cross-sectional evidence from the United States and Canada". *The Canadian Journal of Human Sexuality*, 11(1), 1.

한편 여성의 경우 나이가 들면 성욕이 저하하는 것보다 오히려 남성호르몬이 상대적으로 많아져서 성욕이 올라가는 경우도 있습니다. 이와 같은 남녀 간의 성욕 차이는 성생활의 불만으로 이어집니다.

Column

어른의 섹스 빈도

어른의 섹스는 일반적으로는 데이트 빈도에 영향을 받습니다. 따라서 데이트를 주 1회라고 생각하면 많아도 주 1회 정도가 현실적인 섹스 빈도라 할 수 있겠습니다. 또한 여성이 생리기간에는 섹스를 할 수 없으니 데이트를 할 때마다 섹스를 한다는 것 역시 현실적으로는 있을 수 없습니다.

또한 데이트 횟수에 제한이 없거나 가까운 데 살고 있거나 집에 자주 찾아오는 경우에는 남녀의 성욕차이가 절충되는 횟수로 문제없습니다. 하지만 현실적으로는 섹스는 체력을 매우 많이 쓰기 때문에 다음날에도 일을 나가야 하는 평일 밤의 섹스는 남녀 모두에게 무리가 없는 범위에서 하는 편이 좋습니다. 구체적으로 말하자면 주 1회 정도가 현실적인 어른의 섹스 빈도라 할 수 있겠습니다.

모텔? 자택?

섹스는 장소를 고르는 것이 중요합니다. 어떤 장소를 고르냐에 따라 실제로 섹스를 할 수 있는 가 라는 성공확률이 변화합니다. 경험이 없거나 적은 사람에게 있어서는 섹스에 도달할 때까지 마음의 준비가 중요합니다. 그리고 섹스를 하는 장소에 따라 이러한 마음의 준비가 얼마만큼 가능한지가 변합니다.

먼저 섹스의 장소로 주로 들 수 있는 것은 자택, 모텔, 여행지의 3가지입니다. 그리고 이 장소에 있는 것이 언제부터 예측을 할 수 있었는가와 같이 예측할 수 있는 시간이 길면 길수록 마음의 준비를 더 잘할 수 있을 것입니다. 예를 들어 여행을 가는 경우에는 어느 정도 전부터 같이 잠을 자는 날의 예정을 세울 수 있으며 자택을 방문하는 경우에도 사전에 예정을 세운 경우가 많습니다. 하지만 모텔의 경우에는 사전에 예정을 세워놓고 방문을 하는 일은 거의 없어서 데이트 때 분위기를 보고 모텔에 가자고 하더라도 여성이 생리 중이거나 제모를 하지 않는 등의 여러 가지 이유로 섹스를 거절하는 경우도 있습니다.

그래서 만전을 기한다고 생각하면 자고 오는 여행이나 기념일에 둘 중 누군가의 집에 숙박을 하는 예정을 세우는 것이 좋습니다. 그리고 교제를 시작하고 나서 3번째 데이트 정도에서 섹스를 하는 장소로 권유를 하는 것이 좋습니다. 사귀기 시작하고 나서 너무 빠르면 섹스가 목적이라고 상대방이 생각할 수 있는 리스크가 있습니다. 또한 자택, 모텔, 여행지의 각각 다른 권유 방법은 아래와 같습니다.

자택

자택으로 초대하는 경우에는 데이트가 끝나고 돌아갈 때나 사전에 집 데이트 약속을 잡는 방법으로 나뉩니다. 전자의 경우에는 데이트에서 저녁식사를 하기 전에 권유하는 것이 중요합니다. 저녁을 먹고 난 후의 시간대라면 거기서부터 집까지의 이동시간에 섹스를 할 시간을 확보할 수 없으며, 이야기를 해도 거절당할 가능성이 있습니다. 그래서 자택 가까이에 있는 음식점에서 저녁을 먹고 나서 집으로 가자고 하거나 자택에서 요리도 할 겸과 같은 것이 좋습니다. 자택에서 보내는 시간은 최소한 4시간 이상은 확보를 할 수 있도록 예정을 세우고 신경을 써야 합니다.

또한 상대방의 집으로 가는 경우에는 사전에 간다는 약속을 잡는 것이 중요합니다. 방청소가 제대로 되지 않아서 '지저분한 방을 보여주고 싶지 않아'라는 것 때문에 갑자기 집으로 간다고 제안을 해도 거절당할 가능성이 있습니다. 이전 데이트 때 '다음주 데이트 때 집으로 가도 돼?'라고 먼저 예정을 잡아 두는 것이 중요합니다.

모텔

모텔은 들어가기만 하면 섹스는 거의 확실하게 할 수 있습니다만 권유하는 것 자체가 문턱이 높습니다. 섹스를 하는 장소라는 이미지가 너무 강하기 때문에 모텔에 대한 현실적인 인상이나 무섭다는 생각을 가지고 있는 경우도 있습니다.

그래서 모텔을 이용하는 경우에는 우선 모텔의 외관이 수수하지만 모던한 곳을 고르는 것이 좋습니다. 이로 인해 섹스를 하는 곳이라는 이미지를 조금은 불식시킬 수 있습니다. 그리고나서 식사를 마치고 돌아갈 때와 같이 분위기가 괜찮을 때 '모텔에 들르고 싶어'라고 이야기합시다.

여행

숙박이 포함된 여행은 섹스 가능성이 높으며 권유하기가 가장 쉬운 섹스 장소입니다. 여행에서는 계획을 둘이서 세우는 단계부터 숙박 중에 섹스를 할 가능성이 높다는 것을 두 사람 다 인식을 하고 있다는 점이 가장 큰 장점입니다. 또한 여행 당일 역시 즐겁게 여행을 해서 둘 사이에 추억이 생기고 거기다 같은 방에서 잠을 자는 상황인 만큼 자연스럽게 무리없이 섹스로 이행을 할 수 있을 것입니다.

Column

health and physical education for over forty

섹스를 할 때까지의 교제기간

교제가 시작되고 나서 곧바로 섹스를 하려고 시도하는 건 너무 조급한 행동입니다. 적어도 2, 3번째 데이트에서 권유를 하는 것이 좋습니다. '섹스 목적'이라는 이미지를 불식시키고 나서 섹스로 이끄는 편이 이후의 관계도 안정이 됩니다.

또한 섹스를 하지 않는 데이트에서는 키스나 손을 잡거나 포옹을 하는 것까지는 OK입니다. 물론 사람들 앞에서 하는 것은 일반적이지 않으니 기존에 하던 대로 사람들 눈을 의식하고 합시다.

또한 여성이 경험이 많든 적든 간에 남성이 섹스를 하자고 권유를 하는 쪽이 원활하게 진행되는 편인 만큼 경험이 없다고 하더라도 노력하는 자세를 보여서 섹스로 이끌고 갑시다. 또한 자신이 없는 태도는 지금부터 상대방에게 몸을 맡기는 여성을 불안하게 만드니 주의가 필요합니다.

어른의 섹스

제4장

4-07
4th chapter:
Adult sex

085

어른의 섹스의 타임 테이블

섹스는 전부 다 해서 어느 정도의 시간이 걸리는가뿐만 아니라 무엇을 얼마만큼 시간을 들여서 하는가까지도 생각해야 할 필요가 있습니다. 사람에 따라서는 전희를 좋아하거나 삽입은 별로 좋아하지 않거나와 같이 취미의 차이가 있기는 하지만 일단은 정형대로 진행 하는 것이 좋습니다. 그리고나서 상대방과 자신에 맞춰서 시간배분을 바꿔주면 됩니다.

먼저 전체 섹스 시간입니다만 이 부분은 1시간을 기준으로 생각합시다. 그리고 샤워, 키 스, 전희, 삽입, 필로 토크의 요소로 섹스를 분해한 경우 각각 필요한 시간은 아래 그림과 같습니다.

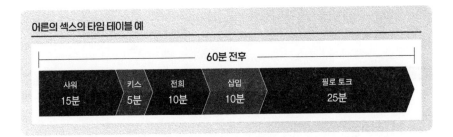

어른의 섹스의 타임 테이블 예

60분 전후

샤워	키스	전희	삽입	필로 토크
15분	5분	10분	10분	25분

분위기 만들기

모텔 방에 들어가거나 서로의 방에 있는 상태에서 섹스로 끌고 가는 경우에 분위기를 만 들 때는 살갗을 맞대는 것에서 시작합니다.

무엇보다 효과가 좋은 것은 포옹입니다. 정형화를 하자면 밀실에서 같이 있을 때 ①옆에 앉아서 ②손을 잡고 ③키스를 하고 ④포옹을 하는 흐름으로 이어 나가는 것으로 자연스럽 게 포옹을 할 수 있습니다.

이때 모든 동작에 대해서 부드럽게 접촉하는 것이 중요합니다. 난폭하게 움직이면 상대 방을 불안하게 할 수 있습니다. 그리고 옆에 앉고 나서는 대화를 하더라도 가능한 한 시선 을 맞추고 같이 웃거나 조용한 분위기 속에서 키스까지 진행합니다.

샤워

샤워는 섹스에 있어서 꼭 필요한 것은 아닙니다. 그 이유는 키스를 해서 분위기가 올라 가 있는, 섹스를 할 때까지의 일직선인 분위기를 샤워가 리셋을 시킬 위험성이 있어서 건

너뛰는 경우도 있기 때문입니다.

하지만 청결한가 아닌가라는 관점에서는 샤워를 하는 편이 좋은 것은 너무나 명백한 일입니다. 특히 전희 때 할지도 모르는 펠라티오나 커닐링구스는 샤워를 하지 않으면 저항감이 있다는 여성도 있습니다.

다만, 샤워에 대한 감각은 섹스를 한 번도 하지 못했다면 이해를 할 수 없습니다. 그리고 섹스를 했다는 사실로 인해 마음이 가까워지고 그 후에 관계가 더욱 가까워지는 것을 생각하면 일단은 기성사실을 만드는 쪽을 우선시하도록 합시다. 즉 전희는 손으로 만지는 정도로만 하고 삽입의 비율을 늘린 섹스를 처음에 하고 필로 토크 중에 2번째 이후는 어떻게 해야 하는가를 생각하는 쪽을 추천합니다.

또한 눈치를 챈 분들도 있겠지만 잠을 같이 자는 데이트나 여행의 경우 섹스와는 상관없이 샤워나 목욕을 합니다. 그래서 씻고 나서 섹스로 끌고 가면 위에서 이야기한 부분을 걱정할 필요는 없습니다.

Column

health and physical education for over forty

섹스의 PDCA

섹스는 두 사람이 끊임없이 전진하는 것입니다. 하지만 맨 처음에는 서로의 섹스에 대해 어떤 취미와 취향이며 어떤 부분을 양보할 수 없는지 등을 알 수가 없습니다. 그래서 처음에는 정형화된 행동대로 시작해서 우선은 섹스를 할 수 있는 상태를 만들고 그 다음에 횟수를 거듭하며 개선하는 것을 목표로 합시다.

필로 토크는 그날의 섹스를 뒤돌아보기 매우 좋은 시간입니다. 샤워를 하지 않으면 펠라티오는 하고 싶지 않다든가 후배위로 삽입을 하면 아프다 등의 솔직한 심정을 들을 수 있습니다. 이를 참고로 그 다음부터는 피드백을 살려서 서로가 기분이 좋은 섹스를 목표로 합시다.

필로 토크에서 Plan하고 다음 섹스에서 Do, 다음 섹스의 필로 토크에서 Check와 그리고 그 다음 섹스에서 Action이라는 흐름(PDCA사이클)을 의식합시다.

피임

일반적인 피임법에는 콘돔과 저용량 피임약이 있습니다. 우선 가장 많이 사용되는 피임법이 콘돔입니다.

장착 타이밍은 삽입을 하기 전입니다. 착용하는 동안에는 섹스가 일단 중단되며 여성이 아무것도 할 일이 없어지니 가능한 한 매끄럽게 착용하도록 합시다. 익숙해지면 키스를 하면서 착용하는 것도 좋습니다. 또한 장착을 할 때는 앞, 뒷면을 착각하지 않도록 조심합시다.

다음은 저용량 피임약을 쓴 피임법입니다. 여성이 배란 호르몬과 황체 호르몬이 포함된 약을 복용해서 배란을 억제해서 피임을 합니다. 피임만 아니라 생리불순 등에도 효과가 있습니다. 하지만 피임효과가 있기는 하지만 성병이나 요도염에 걸릴 위험성은 여전히 있기 때문에 '피임약을 먹는다=콘돔 없이 OK'는 아니기에 주의가 필요합니다.

Column

콘돔 선택법

마트나 약국에는 많은 종류의 콘돔이 있어서 어떤 것을 골라야 할지 고민하기도 합니다. 자신의 특징이나 취향에 맞는 것을 찾아봅시다. 먼저 콘돔은 크게 나눠서 폴리우레탄제와 라텍스제가 있습니다. 폴리우레탄제는 합성고무로 열전도성이 좋아서 상대방의 체온이 잘 느껴지고 고무 알레르기가 있는 사람도 쓸 수 있으며 냄새가 안나는 장점이 있습니다. 반면 신축성이 모자라고 표면이 거칠고 씌우고 내리기 어렵다는 단점이 있습니다.

라텍스 제는 천연고무로 시장의 약 9할을 차지하기에 종류가 매우 다양합니다. 신축성이 뛰어나서 딱 붙는 느낌이 장점입니다. 반면 냄새가 나는 점, 고무 알레르기가 있는 사람은 못쓰는 점 등이 단점입니다. 콘돔을 고르는 기준은 아래와 같습니다.

● 조루: 두께 0.1mm 이상의 두꺼운 콘돔
● 여성이 잘 안 젖는 경우: 윤활제가 많은 제품
● 콘돔 장착에 시간이 많이 걸리는 경우: 뜯기 쉬운 개별포장 제품이나 테이프를 잡아당기는 것만으로 씌우고 내릴 수 있는 제품

분위기 만들기

여기서는 전희에 도달할 때까지의 분위기 만들기에 대해 이야기합니다. 분위기를 만들지 않고 섹스로 넘어가려 하면 많은 여성들이 '기분 나빠' 하고 거절반응을 일으킬 것이 불 보듯 뻔합니다. 또한 성적욕구가 높아지지 않은 채로 성행위를 당하면 기분이 내키지 않아서 만족스럽지 못한 섹스가 되고 맙니다.

분위기를 말로 풀어 쓰면 '지금부터 기분 좋은 일을 해주는가', '좀 더 사이가 깊어지고 싶어'와 같이 '다음에 과연 무슨 일이 있을까'라는 것입니다.

섹스를 향한 분위기를 만드는 법은 섹스 직전의 분위기 만들기와 그보다 조금 전 단계부터 섹스를 의식한 분위기 만들기의 2가지로 나뉩니다. 먼저 섹스 직전의 분위기는 몸과 마음의 거리를 동시에 가까이 다가가게 하는 것입니다. 조금 더 가까이 다가가다, 손을 잡는다, 머리를 쓰다듬는다 등 스킨십을 늘립니다.

갑자기 거리를 좁히면 여성은 경계를 하기 때문에 천천히 진행을 하는 것이 중요합니다. 또한 여기서 상대방이 싫어하는 것 같다면 여성이 아직 거리를 두고 싶어하는 상태인 듯하니 섹스는 하지 않는 편이 좋습니다.

또한 섹스에서 시간적인 거리가 있는 경우의 분위기 만들기는 데이트를 통해서 진행합니다. 로맨틱한 분위기에 빠져들기 위해 분위기 좋은 바나 야경이 보이는 레스토랑 등을 이용하는 것이 좋습니다. 또한 금전적으로 여유가 있다면 고급호텔에서 숙박하는 것도 추천합니다.

Column

술기운을 빌려

결론부터 말하자면 술의 힘은 섹스와 더욱 가깝게 만듭니다. 하지만 한편으로 판단능력이 저하하는 결과로서 섹스와 가까워지는 부분도 있습니다. 취한 상태에서 섹스로 억지로 끌고 간 경우에는 강간이라 상대방이 생각할 가능성도 있으니 주의가 필요합니다. 특히 술이 조금 취한 상태라면 괜찮지만 술이 많이 취한 상태에서는 섹스는 포기하는 편이 현명합니다.

또한 알코올을 섭취한 상태에서는 발기가 잘 안되는 경우도 있기에 술을 마시고 나서 섹스를 하는 경우에는 술이 어느 정도 깨고 난 다음에 하는 편이 좋습니다. 또한 상대가 자신의 의사로 섹스에 동의했는가 라는 점에 있어서도 너무 많이 마신 상태에서 섹스를 권하는 것은 좋지 않습니다.

전희

섹스는 계단을 오르듯이 점점 더 행위가 대담해집니다. 그래서 갑자기 유방을 만지거나 팬티를 내리려 하는 것은 너무 조급한 행동입니다. 일단은 딥키스를 하고 그리고 나서 머리 등 엉덩이의 순서로 몸을 만지는 '전희'를 먼저 하는 것이 가장 보편적인 섹스로 가는 방법입니다.

머리를 만진다

키스를 하면서 머리카락을 쓰다듬거나 뺨을 만지는 행위입니다. 키스만을 하는 것이 아니라 때때로 입술을 뗀 타이밍에 눈을 지그시 바라보며 후두부를 부드럽게 쓰다듬는 것도 좋습니다. 이때 앉아 있는 상태라면 한 손은 허리나 어깨에 얹어서 몸을 받쳐주면 여성은 안심을 하고 몸을 맡기기 쉬우며 이 다음으로 넘어가기가 쉬워집니다.

허리나 등을 만진다

키스를 하고 포옹을 했을 때 등이나 허리 쪽으로 손을 돌려서 끌어당기듯 하는 것이 좋습니다. 이때 옆구리에 닿으면 간지러움이 분위기를 깨기 때문에 어디까지나 부드럽게 등이나 허리 가운데를 만지도록 합시다.

그리고 손을 천천히 내려서 다음으로 엉덩이를 만집니다. 이때 손바닥을 허리에서 떼지 않고 천천히 밑으로 내려주면 저항감 없이 엉덩이를 만질 수 있어서 이 다음으로 성기 애무로 이어집니다. 또한 유방을 만지는 경우도 마찬가지로 허리에서 그대로 유방으로 손을 움직이는 편이 좋습니다.

Column

health and physical education for over forty

차근히 기분을 북돋아주는 일의 중요함

섹스는 유방과 성기에 접근하는 일입니다만, 연인과의 관계에서 중요한 것은 이에 도달할 때까지의 키스나 손으로 전신을 애무하는 일입니다. 이는 섹스가 상대방을 생각하는 마음의 결과이며 마음의 표현은 유방이나 성기를 애무하는 것보다 오히려 머리를 쓰다듬거나 포옹을 해서 일체감을 얻는 등의 시간 쪽이 적합합니다.

그리고 마음이 충분히 상대방에게 전달되면 편안한 상태가 되어 유방이나 성기의 애무로 인한 자극으로 더욱 깊고 커다란 쾌락을 얻을 수 있습니다. 서로가 커다란 쾌락을 얻고 싶다면 유방이나 성기의 애무에 들어가기 전 타이밍을 소중히 여기는 것이 중요합니다.

섹스의 키스는 데이트의 키스와 완전히 다릅니다.

섹스를 향한 키스의 특징은 깊게 이어지기 위한 도입이라는 점입니다. 데이트 중의 키스가 사이가 더욱 깊어지기 위한 짧은 시간 입술이 닿는 것에 비해서 섹스를 위한 키스는 그 후에 삽입에 이를 때까지의 전 단계라서 시간이 길어지고 입술을 포개는 것만으로는 끝나지 않습니다.

섹스의 키스 흐름

먼저 평소와 마찬가지로 입술이 닿는 키스부터 시작합니다. 하지만 시간은 3~5초 정도로 길게 합니다. 이때 두 사람이 모두 경험이 별로 없으면 키스 중에 호흡을 하는 것에 익숙하지 않기 때문에 너무 길게 키스를 하면 두사람이 모두 숨이 막히니 주의해야 합니다.

그리고 나서 몇 번이고 입술만 닿는 키스를 반복하고 더욱 격렬한 키스로 바꿉니다. 입술이 닿고 있을 때 입모양을 '호'하고 만들어서 입을 약간 열면 상대방도 입을 여니까 가볍게 혀로 이빨이나 입안을 만지도록 합시다.

입술을 강하게 밀어붙이거나 상대의 얼굴이나 머리카락에 침이 묻는 것을 불쾌하게 느끼는 사람도 있으니 주의해야 합니다. 상대방의 머리카락을 쓸어 올려주는 것도 좋습니다.

Column

health and physical education for over forty

유두 애무

키스가 격렬해지면 키스를 하면서 유방을 만지는 것이 좋습니다. 우선은 옷이나 속옷 위에서 부드럽게 쓰다듬는 것이 기본입니다. 이때 유방을 움켜잡거나 강하게 주무르면 아플 수도 있으니 주의합시다.

그리고 나서 옷을 벗기거나 옷자락 쪽에 팔을 넣어서 직접 유방을 만집니다. 옷이나 브래지어가 방해가 되는 경우에는 키스를 일단 멈추고 옷을 벗깁니다. 그리고 나서 유두를 만집니다만, 힘을 주어 꼬집는 것만은 하지 맙시다. 척도로서 자신의 귀두를 꼬집었을 때 아플 정도로 힘을 주면 NG입니다. 또한 유두뿐만 아니라 유방 전체가 여성의 성감대이니 유두만 집중해서 만지지 말고 전체를 부드럽게 만지는 편이 좋습니다.

펠라티오, 커닐링구스, 손을 사용한 애무

섹스는 성기에 페니스를 삽입하는 것과 손이나 입으로 성기를 애무하는 것으로 나뉩니다. 후자에 대해서는 섹스의 경험이 얼마 없을 때는 어디까지 해야 하는지를 고민하기 마련입니다.

결론부터 말하자면 첫 섹스에서는 손으로 애무를 가볍게 하는 정도로 문제없습니다. 특히 오럴 섹스에 대해 호불호가 갈리는 경우가 있어서 첫 섹스에서는 피하는 쪽이 무난합니다.

또한 성기의 애무는 매우 큰 수치심을 동반하기 때문에 가능한 한 방의 불을 끄고 하도록 합시다.

손으로 애무

섹스 경험이 두 사람 모두 적더라도 비교적 쉽게 할 수 있는 것이 손으로 하는 애무입니다. 손으로 하는 애무는 키스나 유방 애무와 같이 해주면 좋습니다.

키스와 유방 애무가 일단락되면 키스를 하면서 고간을 손가락으로 만집니다. 이때 일단은 속옷 위에서 만집니다. 하지만 만진다고 하더라도 손가락을 움직이지 않고 일단은 손바닥과 손가락 3개로 여성의 고간을 덮어주듯 해서 힘을 약간 넣고 앞뒤로 문지르는 편이 좋습니다.

검지, 중지, 약지의 손가락 3개로 고간을 만지고 앞뒤로 움직이면 중지가 딱 고간의 갈라지는 부분에 닿아서 클리토리스를 주기적으로 자극하게 됩니다. 클리토리스는 매우 민감하니 고간 전체를 만지는 중에 클리토리스에도 손가락이 닿는 정도로 애무합시다.

그 상태에서 어느 정도 속옷이 약간 습한 느낌이 나면 배쪽에서 속옷에 손가락을 넣습니다. 손가락으로 성기를 직접 애무할 때는 주로 클리토리스를 자극합니다. 질 쪽에서 애액을 떠서 클리토리스까지 이어주듯 만집니다. 이때 강하게 클리토리스를 만지면 통증이 느껴지니 주의합시다.

또한 페니스를 만져줬으면 좋겠다고 생각할 때는 키스를 하면서 여성의 손을 고간으로 이끄는 것이 기본입니다. 그리고나서 남성도 여성의 고간을 쓰다듬으면 자연스럽게 페니스에 닿는 여성의 손도 움직일 것입니다.

입으로 애무

입으로 하는 애무는 커닐링구스, 펠라티오 양쪽 다 호불호가 갈리기 때문에 2번째 이후의 섹스에서 시험해보는 편이 좋습니다. 남성쪽에서 하는 커닐링구스는 여성이 정상위 자세에서 남성이 고간에 얼굴을 파묻고 실시합니다. 클리토리스와 질 입구를 혀로 쓰다듬는 것이 기본입니다만 똑바로 누운 여성의 고간을 핥는 것은 어려운 일이니 남성쪽에서 목이 아프지 않도록 여성의 허리 밑에 베개를 받치는 것이 좋습니다.

클리토리스를 핥을 때는 키스를 할 때처럼 은근히 핥는 것이 요령입니다. 또한 침을 확실하게 사용해서 매끄럽게 만들면 아프지 않고 높은 성감을 얻을 수 있습니다.

펠라티오는 남성쪽에서 핥아주었으면 좋겠다고 확실하게 이야기하는 편이 좋습니다. 펠라티오의 경험이 없는 여성에게 있어서는 미지의 세계인 만큼 핥는 것이 아니라 입에 물도록 이끌어줍시다. 이때 입모양은 '호'로 하고 혀를 무리하게 쓰지 않는 것 2가지를 이야기해주는 것이 좋습니다.

Column

오럴 섹스는 샤워를 하고 나서

일반론으로 오럴 섹스는 샤워를 하고 나서 합니다. 샤워를 하지 않는 편이 좋다는 여성도 있겠습니다만, 우선은 샤워를 하고 나서 하고 필로 토크 중에 오럴 섹스를 어떻게 생각하고 있는지 여성에게 물어봅시다.

또한 남성이 씻지 않은 여성의 성기를 핥은 경우 상대방에 따라서는 입 주변에 상대의 성기 냄새가 묻어서 그 입으로 키스를 당하는 것을 싫어하는 경우도 있습니다. 청결을 의식하는 것뿐만 아니라 에티켓으로서 오럴 섹스는 샤워 후에 하는 것이 무난합니다.

어른의 섹스와 체위

어른의 섹스의 삽입에서 중요한 것은 섹스가 끝까지 가능하고 사랑이 더욱 깊어지는 것입니다. 그래서 포르노에서 나오는 것과 같은 아크로바틱한 체위는 할 필요가 없으며 자주 체위를 무리하게 바꿀 필요도 없습니다.

이와 같은 관점에서 어른의 섹스에서 추천하는 체위는 정상위와 밀착기승위 2가지입니다.

정상위

먼저 기본 중의 기본인 정상위부터 삽입을 시작하는 것이 좋습니다. 특히 서로의 섹스 취향을 모르는 단계에서는 모험보다도 무난하게 시작합시다.

정상위에서 삽입은 먼저 여성이 밑에 가고 남성이 위에서 덮는 듯한 자세부터 시작합니다. 이때 체중을 모두 상대방에게 맡기면 무겁기 때문에 남성은 팔로 체중을 받치도록 합시다. 그리고나서 팔꿈치로 체중을 받쳐주면 팔꿈치부터는 여성의 머리를 쓰다듬거나 얼굴을 만지는 것도 가능합니다. 여기서 키스나 때때로 유방을 만져서 기분을 높이고

상대방의 다리를 벌려서 삽입으로 가게 됩니다.

콘돔을 끼는 것은 여성의 속옷을 내리고 삽입 직전에 하면 됩니다. 손가락으로 여성의 성기를 만져서 충분히 젖어 있는 것을 확인하고 삽입합니다. 이때 고간의 갈라진 부분을 따라서 손가락을 이동시켜서 질의 입구를 확인하고 다른 쪽 손으로 페니스를 받쳐주면 부드럽게 삽입이 가능합니다.

정상위에서 피스톤 운동은 기본적으로 남성이 허리를 사용합니다. 이때 무리해서 피스톤 운동을 하려 하지 말고 부드럽게 넣고 빼고를 반복하거나 질 안을 휘젓는 요령으로 허리를 밀어붙이는 것만으로도 충분한 성감을 얻을 수 있습니다.

정상위 다음으로 추천하는 체위는 여성을 남성의 위에 올려서 끌어안는 밀착기승위(대면좌위)입니다. 밀착도가 높은데다 끌어안을 수 있어서 서로의 애정을 확인하기 쉽습니다. 하지만 한편으로 여성이 위에 올라가 있기 때문에 상대방의 체중으로 인해 페니스를 움직이는 것이 어려운 단점이 있습니다.

대면좌위에서 삽입하는 경우에는 정상위에서 여성을 일으켜 세워 남성의 위로 올리는 경우와 처음부터 밀착기승위 자세에서 섹스를 시작하는 경우로 나뉩니다. 후자의 경우에는 처음부터 애무 단계에서 여성을 무릎 위에 올려서 끌어안고 키스를 하고 유방을 애무해서 섹스로 이어갑니다.

밀착기승위의 경우 삽입을 하기 위해 여성이 허리를 내릴 필요가 있어서 페니스를 바로 위로 향하고 남성이 허리를 앞으로 내미는 것과 동시에 여성의 허리를 내리는 것을 촉진하듯이 상대방의 허리에 손을 대주면 좋습니다.

Column

후배위는 호불호가 갈린다

후배위는 성인물에서는 아주 일반적인 체위입니다만 현실에서는 호불호가 갈립니다. 항문이 보이는 것이 부끄럽다는 의견이나 삽입 중에 상대방의 얼굴이 보이지 않아서 외롭다는 이유를 드는 사람도 있습니다.

또한 애초에 질의 위치가 문제가 되어 후배위로 삽입을 하면 아픈 경우도 있습니다. 그래서 후배위를 할지 말지는 필로 토크에서 과감하게 물어보고 판단하는 편이 좋습니다.

섹스와 밝기, 시간대

원칙적으로 섹스를 시작할 때의 밝기는 어두운 것이 가장 좋습니다. 하지만 한편으로 섹스로 이어지기 전 단계에서는 밝은 경우가 많아서 어떤 단계에서 불을 꺼야 좋은가 하는 고민이 생깁니다.

이에 대한 한 가지 선택기준은 속옷을 노출하는가 입니다. 속옷이 노출하지 않는 동안에는 전기를 켜도 상관없습니다만 셔츠를 벗기거나 스커트를 젖히는 것과 같은 동작이 더해지면서부터 부끄러운 감정이 드러나기 때문에 어둡게 하는 편이 순조롭게 섹스로 이어질 것입니다.

하지만 아무리 어둡게 한다고 하더라도 완전히 어둡게 만들면 이번에는 아무것도 보이지 않게 되어 콘돔을 끼울 때 지장이 생깁니다. 그래서 침대 쪽에 램프나 작은 불을 켜두는 것이 좋습니다. 또한 TV는 방해되는 소음이 되기 때문에 꺼두는 편이 무난합니다.

이러한 밝기의 원칙은 설사 낮에 섹스를 하는 경우에도 마찬가지입니다. 커튼을 닫고 어둡게 하는 편이 좋습니다.

Column

health and physical education for over forty

생리와 섹스

생리 중에는 기본적으로 섹스는 못합니다. 이는 혈액으로 더러워지기 때문이 아니라 생리 중에는 여성기가 잡균에 의해 당하기 쉽기 때문에 섹스에는 적합하지 않은 기간이기 때문입니다.

우선 여성의 생리는 대략 5~7일간입니다. 출혈이 가장 많은 기간은 2, 3일째로 이 기간은 출혈이 많아서 섹스를 할 상황이 아닙니다. 하지만 생리가 끝났다고 이야기되는 출혈은 거의 없고 적갈색의 혈액이 약간만 나오는 정도라면 섹스를 하고 싶다는 여성도 있을 것입니다. 이때는 출혈은 끝났다고 하더라도 섹스로 인해 질 내의 혈액이 배출되기 때문에 침대시트 위에 목욕타월을 깔아 놓는 편이 좋습니다. 또한 섹스 중에 생리가 시작된 경우에는 섹스를 중단하는 편이 무난합니다.

섹스가 끝나면 친밀도를 올리는 찬스가 온다

섹스에 의해 한계까지 신체적으로 가까워지면 감정까지 마치 하나가 된 것처럼 가까워집니다. 지금까지는 필로 토크를 섹스의 개선에 사용하는 방법에 대해 생각했습니다만, 이외의 주제라도 친밀도를 높이는 데 기여할 것입니다.

극단적으로 이야기하자면 섹스 후에 상대방의 좋아하는 점을 들고 '좋아해'라고 끌어안으며 이야기하는 것만으로 어느 정도 효과가 있습니다. 평소에는 부끄러워서 말하지 못하는 것을 전달할 수 있는 기회로 매우 좋습니다만 이외에도 상담하고 싶은 일에 대해서도 속마음을 듣기가 쉽기 때문에 필로 토크 중의 대화는 가능한 만큼 많이 하는 편이 좋습니다.

특히 두 사람이 같이 정해야 할 일에 대한 상담에 필로 토크는 딱 알맞습니다. 예를 들어 여행 행선지에 대해서라면 평소에 대화를 통해 상담을 해서 정할 수는 있습니다. 하지만 평소의 대화 중에는 상대방에게 좋은 면을 보여주고 싶거나 미움 받기 싫다 등의 여러 가지 심정이 교차하기 때문에 속마음을 터놓고 상담을 하지 못하는 가능성도 있습니다.

예로 들은 여행에 대해서라면, 등산을 가자는 이야기를 들었지만 막상 본인은 아웃도어에 그렇게까지는 흥미가 없어서 가능하면 온천에 가고 싶었다 같은 경우에는 상대방의 기분을 헤아려서 등산에 따라가고 결국에 별로 만족하지 못하는 경우도 있습니다. 이럴 때는 필로 토크로 여행 행선지나 여행에 대한 기본 자세, 근황을 파악하는 것으로 두 사람이 진짜로 원하는 행선지를 고를 수 있을 것입니다.

예를 들어 평소에는 깐깐한 인상을 주었던 여성이 사실은 일이 잘 풀리지 않아서 온천에서 푹 쉬면서 스트레스를 풀고 싶다 같은 것도 필로 토크라면 평소보다 쉽게 이야기를 들을 수 있을 것입니다.

이와 같이 필로 토크 중에 스킨십을 더한 커뮤니케이션은 직접 만져서 올라간 친밀도뿐만 아니라 속마음을 털어놓는 커뮤니케이션을 통해서 섹스 이외의 시간에 일어나는 서로 생각이 맞지 않는 일을 예방하는 좋은 기회라 할 수 있겠습니다.

어른의 섹스와 다양성

성에 대한 취향은 어른이 될 때까지 천천히 양성됩니다. 남성이라면 지금까지 수천 번 반복해온 자위행위를 할 때 접촉한 성인물의 경향이 자신에게 있어 가장 흥분되는 섹스 상황이라 할 수 있겠습니다. 여성의 경우도 지금까지 보고 알게 된 섹스나 남성에게 매력을 느끼는 어떤 포인트를 알고 있을 것입니다.

이러한 성에 대해 자신의 감각을 자각하고 있는 것이 어른입니다. 이러한 성적 취향이나 좋아하는 것이 어떤 것인지는 주로 필로 토크에서 서서히 공유하고 가능한 한 두 사람이 균등한 점을 찾는 것이 만족으로 가는 지름길입니다.

다만 특수한 성적 취향을 가진 경우에는 상대방과 공유할 때 하위호환의 성적 취향의 공유부터 시작해야 합니다. 예를 들어 아헤가오(アヘ顔, 극도의 쾌감을 느끼는 얼굴)가 되어 실금할 때까지 성인 완구로 괴롭힘을 당하는 여성의 묘사만 보면서 자위행위를 한 남성이라면 처음부터 전부 다 요구하지 말고 우선은 로터로 장난을 쳐보고 싶다는 제안을 하는 것부터 시작하는 것과 같은 요령입니다.

또한 자신의 취향을 상대방에게 밀어붙이기만 하지 말고 상대의 기호에도 전력을 다해 대응하는 것이 중요합니다.

Column

자위행위의 버릇과 섹스

자위행위로 인해 사정할 때 이상한 버릇을 들이면 섹스를 제대로 못할 가능성이 있으니 주의합시다. 일단 자위행위가 섹스에 지장을 주는 부분은 얼마나 세게 쥐는가 입니다. 자위행위를 할 때 너무 세게 쥐면 질의 압력이 약하게 느껴져서 발기를 유지할 수 없을 가능성이 있습니다.

또한 자위행위를 할 때 자세에도 주의를 해야 합니다. 사정을 할 때 다리를 쭉 펴거나 섹스에서는 재현 불가능한 자세로 사정을 하는 버릇을 들이면 섹스를 할 때 사정을 하기 어려워집니다. 특히 의자에 앉아서 자위행위를 하는 경우에는 침대에 드러눕거나 엉거주춤한 자세에서는 발기가 안되는 경우도 있습니다.

이와 같은 상황을 피하기 위해 자각이 있는 경우에는 일단 자위행위 금지가 최선의 방법입니다. 하여튼 섹스를 할 때까지 페니스의 자극을 꾹 참고 섹스에 임하기 바랍니다. 발기가 풀려서 섹스를 못해서 자신감을 잃는 것보다 조루 쪽이 데미지가 적을 것입니다.

나이와 호르몬밸런스

나이를 먹어가면 호르몬밸런스가 변화합니다. 그 결과 남성이라면 발기부전, 여성은 성욕 강화를 불러일으키기도 합니다.

하지만 한편으로 성욕은 호르몬밸런스만으로 변화하지는 않습니다. 환경이나 성을 알아가는 것이 성욕을 변화시키는 경우도 있습니다. 어른이 될 때까지 경험이 없던 사람에게 파트너가 생기고 동정이나 처녀를 상실하고 나서는 한동안 섹스에 푹 빠지기도 합니다.

특히 여성의 경우에는 연속해서 섹스를 할 수 있는 것에 비해, 남성은 사정 후에 부활할 때까지 어느 정도 시간이 필요합니다. 사정 후에 성욕이 사라지는 현자타임을 넘어서지 못하면 2번째 사정을 못하거나 경우에 따라서는 다음날이 되어야지만 사정할 수 있는 경우도 있습니다.

Column

생리주기와 성욕

여성에 따라서는 생리주기에 호응하듯이 성욕의 물결이 있는 경우가 있습니다. 일반적으로는 생리 전에 성욕이 높아진다고 합니다.

하지만 모든 여성이 생리 전에 성욕이 높아지는 것은 아니며 생리 중에 성욕이 높아지는 경우나 다른 타이밍에 성욕이 높아지는 경우도 있습니다.

또한 생리 전에는 유방이 팽팽해지거나 살갗에 닿는 감촉이 민감해져서 불쾌감을 느끼는 경우도 있습니다. 이럴 때 유방을 세게 잡거나 하면 통증이 생기기도 하고 살갗에 닿으면 불쾌해지기도 합니다.

이러한 배경을 모르면 평소와 똑같이 섹스를 하고 이야기했는데 거절당해서 자신감을 잃고 섹스를 하자는 말 자체를 못하게 되어 섹스리스가 되는 사태가 벌어질 수도 있습니다. 그렇다고 해서 직접적으로 '언제 발정하는데'라고 물어보기는 어려우니 필로 토크 중에 물어보는게 무난합니다.

또한 여성의 생리는 사람에 따라서 매우 강력한 통증이나 두통을 느끼거나 정신적으로도 힘들기도 합니다. 이럴 때에는 무리하지 말고 상대방을 배려해서 다정스럽게 대하도록 합시다.

발기하지 않을 때

어른이 되면 아무리 애를 써도 발기가 되지 않을 때가 있습니다. 이와 같은 발기장애는 긴장과 신체의 변화로 크게 나눌 수 있습니다.

먼저 긴장에 의한 발기부전은 주로 동정상실 때 일어납니다. 섹스에 대해 너무 분발을 하면 삽입직전에 발기가 풀리고 부활을 시키려고 서두르면 서두를수록 발기와는 거리가 멀어지고 맙니다. 특히 파트너가 처녀인 경우에는 완전히 발기하지 않으면 처녀막을 뚫을 수 없습니다.

이와 같은 긴장에 의한 발기는 자위행위를 1주일 정도 끊어주면 해결이 가능합니다. 일시적으로 풀린다 하더라도 손으로 자극하면 쉽게 부활합니다. 사정을 빨리 한다는 위험성이 있기는 하지만 마지막까지 섹스는 가능할 것입니다.

또한 강한 악력으로 자위행위를 하거나 자극이 강한 오나홀을 애용하는 경우에는 콘돔 너머에 있는 질로는 자극이 약하게 느껴져서 삽입 후에 발기가 풀릴 가능성이 있습니다. 만약 평소에 강한 자극으로 사정을 한다는 자각이 있다면 자위행위를 끊고 섹스를 하는 것뿐만 아니라 저자극형 오나홀과 콘돔을 조합해서 사정을 할 수 있도록 훈련을 하는 것도 좋습니다.

Column

아무리 애를 써도 발기가 되지 않을 때는?

자위행위를 끊어도 발기하지 않는 경우나 자위행위조차 못할 정도로 발기력이 저하한 경우에는 ED치료약을 이용하는 편이 좋습니다

보험적용이 안되는 진료가 되는 경우도 있습니다만 ED치료약을 이용하면 몇시간은 압도적인 발기를 체험할 수 있습니다. 또한 사정을 하더라도 발기가 풀리지 않는 가능성도 있어서 몇 번씩 섹스를 하는 것도 꿈은 아닙니다.

또한 발기부전약은 1정에 약 1만 원 이상 하는 경우가 많습니다. 내용물이 전혀 다른 위약일 가능성도 있기 때문에 해외에서 개인이 수입해오는 것은 리스크가 있음을 유념합시다. 또한 다른 사람에게 주거나 받으면 약사법 위반이 되니 절대로 해서는 안됩니다.

40세의 보건체육
health and physical education for over forty

5th chapter :
Adult relationship

제 5 장
어른의 연애, 관계

훈련을 쌓아서 쿠피드를 보고
약간 반응이 오는 걸로
OK사인을 받고나서 여자 친구에게
내가 경험이 없다는 점을
솔직하게 이야기했다.

'천천히 해도 돼요'라며
나를 받아준 여자친구와 무사히
아침을 같이 맞이하고 순조롭게
교제를 진행해 나갔다….

이번달은 일정이
안 맞을 것
같네요. 😊

삐빅 삐빅

아쉽지만 어쩔 수 없네.
그럼 수고해… 라고 보낼까.

너희들 사귄 지
6개월 되었나?

그리고 만나는 건
월3~4회?

이번달은 0이야.
뭐 이정도 페이스가
한계네.

슬슬 그걸 생각해야 할
시기 아니야?!

바로… 동거야!!

동
거
야
!!

도…도도도
동거?!

아직 빠른 거
아니야?

라고 생각할 수 있지만
바쁜 어른들에게
강력 추천하는 이 상품…

특히나 여자는 나이가 중대한 문제가 된다고! 알겠는가 이 중압을! 인간 남자여!

신에게 그런 말을 들으니 압박이!!

요컨대 소중하게 여긴다면 불안하게 만들지 않는 배려가 필요하다는 말이야.

동거라… 독거 경력 20년인 내가 이제 와서 누구와 같이 살 수 있을까….

이것도 못하고 저것도 못하게 되겠지….

나도 이상하다고 생각하니까 당장 그만둬

요구르트 뚜껑 핥아먹기

옷옷샷고 나와서 전라 댄스

그래 그렇게 불안해하고 불편해하고 때로는 부딪히는 것이 누군가와 같이 사는 거라고.

혼자서 마음대로 편하기는 하지만 너는 거기서 변하고 싶었잖아?

어른의 교제는 진지하게

어른에게 있어서 연애관계는 결혼이 거의 전제가 되기 때문에 20대 전반의 가벼운 교제와는 많이 다릅니다. 가볍게 반했네 어쨌네 하면서 즐기기보다는 여유롭게 깊은 관계를 만드는 것이 어른의 연애입니다.

또한 오랜 기간동안 파트너가 없었던 사람에게 있어서 연인이란 지금까지 쌓아놨던 마음을 발휘할 수 있는 절호의 기회입니다. 그렇기 때문에 어느 정도 연애경험이 없으면 중고등학생이 실패할 만한 일이 일어날 수도 있습니다. 어른이라면 응당 가져야 할 연애의 방침을 잊어버리고 혼자서 헛돌거나 여성을 불쾌하게 만들어 파국에 이르는 최악의 시나리오의 위험성을 낮추는 방법에 대해 이번 장에서 검토하려 합니다.

추상적으로 어른의 연애를 바꿔 말하자면 깊은 의미로 소중하게 여기는 정도가 매우 높은 것이 어른의 연애라고 할 수 있겠습니다. 구체적으로는 밀당을 안하고 주로 돈과 관련된 가치관을 공유하고 서로의 가치관을 존중하고 간섭은 적당히 한다 등이 어른의 연애에서 상대방을 배려하는 법입니다.

일단 밀당을 하지 않는다란 예를 들어 일부러 연락을 안 해서 조급하게 만드는 등의 연애 테크닉과 같은 것을 쓸데없이 하지 않는 일입니다. 어른의 연애는 게임이 아니며 쓸데없는 조마조마함은 오히려 스트레스의 원인이 됩니다.

또한 돈이나 가치관에 대해서는 젊었을 때의 연애에서는 그 순간의 즐거움을 중시하기 때문에 뒤로 미룰 가능성도 있습니다. 하지만 결혼이 시야에 들어오는 어른의 연애에서는 일부러 서로의 가치관을 파악하는 일이야말로 장래의 희망으로 이어지는 지름길입니다.

가치관을 존중하는 일은 가치관을 공유하는 것뿐만 아니라 서로가 가능한 만큼 다가간다는 의미입니다. 어른이 되면 오랫동안 생활을 해와서 가치관이 어느 정도 고정되기 때문에 상대방에게 모든 것을 맞추기는 힘드니 균등점을 찾는 것이 중요합니다. 너무 간섭하지 않고 서로에게 있어 딱 좋은 거리감을 균등점으로 삼는 것이 결국에는 관계를 오랫동안 지속하는 데 꼭 필요합니다.

특히 무언가 푹 빠진 취미가 있는 경우에는 서로가 같이 즐기는 일을 모색하는 것뿐만 아니라 상대방이 무엇인가에 빠져서 즐기고 있는 모습을 응원하는 자세가 중요합니다.

섹스리스

사귀고 나서 시간이 경과했을 때 어른의 연애에서 흔히 일어나는 대표적인 위험으로 섹스리스를 들 수 있습니다. 특히 남성의 성욕이 저하하거나 발기력이 저하하기 쉬운 세대에게 있어서는 섹스리스의 위험성이 높습니다.

전제로서 같은 파트너와 안정되게 높은 성욕을 계속해서 느끼기 위해서는 무언가 변화가 없이는 어렵다고 할 수밖에 없습니다.

따라서 친밀도를 다른 방법으로 유지할 수 있다면 섹스에 목을 멜 필요는 없습니다. 그렇다 하더라도 섹스는 연애관계를 상징하는 행위입니다. 그리고 친밀도를 높이는 데 섹스보다 효율적인 방법은 없습니다.

그렇기 때문에 가능한 한 섹스리스를 막는 데 노력을 하고 그래도 섹스리스에 돌입한 경우에는 최후의 수단으로 섹스 이외의 방법으로 친밀도를 유지하는 것을 생각합시다. 섹스리스는 과연 무엇이 원인으로 일어나는 것일까요? 파트너가 고정되는 것뿐만 아니라 왠지 모르게 섹스를 하는 분위기가 아니게 되는 것이 주요 원인입니다.

섹스를 하는 분위기가 아니게 되는 것은 관계가 너무 익숙해져서 섹스에 필요한 낭만적인 분위기로 이끌어 갈 수 없음을 의미합니다. 그 배경은 매우 단순해서 거리낌 없이 같이 웃을 수 있는 사이가 되었을 때 진지한 분위기로 섹스를 재촉할 수 없어진 것이 원인입니다. 그렇기 때문에 관계 탓을 하지 말고 정기적으로 기분을 바꿔가며 섹스를 재촉하는 일이 어느 정도 섹스리스를 막아줄 수도 있습니다.

또한 섹스를 거절하거나 거절당함으로 다음에 이야기를 꺼내기가 점차 어려워져서 섹스리스가 될 가능성도 있습니다. 파트너가 섹스를 하자고 이야기를 꺼낼 때는 적극 응하는 것이 중요합니다.

육체만이 기분 좋은 것은 아니다

섹스가 친밀도를 높이기 위한 가장 최선의 방법이라는 것에는 의심할 여지가 없습니다. 그렇다면 섹스리스가 현실로 다가왔을 때 따로 어떤 방법을 취하면 섹스에 가까운 효과를 얻을 수 있을까요?

먼저 전제로서 섹스에 필적하는 친밀도를 얻기 위해서는 신체 접촉은 불가결합니다. 이점에 있어서 전신으로 몸을 맞대는 포옹은 섹스에 이어서 친밀도를 높일 수 있는 행위라 할 수 있습니다. 알몸으로 포옹할 필요는 없으며 잘 때 껴안거나 DVD를 보고 있을 때 오랜 시간 껴안는 것을 추천합니다.

물리적인 거리가 가까운 것은 친밀도를 재는 바로미터가 되는 동시에 껴안는 습관이 있는 것이 결과적으로 친밀도가 올라가는 것으로 이어집니다. 그래서 헤어질 때 짧게 포옹을 하는 등 성과 관계없는 장년에서도 포옹을 적극적으로 들이는 것이 효과적입니다.

또한 껴안는 것과 마찬가지로 연인들이 할 수 있는 행위인 키스를 확실히 하는 것으로 친밀도를 유지할 수 있을 것입니다. 딥키스를 할 필요는 없으니 헤어질 때나 데이트 중에 문득 생각이 날 때 가벼운 키스를 적극적으로 해주는 것이 중요합니다. 이외에 손을 잡는 일도 몸을 일체화 시키는 의미에서 친밀도를 올리는 효과가 있습니다.

Column

파트너와 정신안정

자신을 이해해주는 파트너가 있다는 점은 평소 생활에 있어서 절대적인 자신감의 원천이 될 것입니다. 이는 자신만 아니라 상대방에게 있어서도 마찬가지입니다.

동성 친구와는 전혀 다른 육친에 필적할 정도로 서로를 배려하는 관계라는 것은 사람 간의 강한 인연을 인식시킬 것입니다. 하지만 육친과 다른 점은 서로 간에 사랑이 있다는 측면이 강하다는 점입니다.

또한 한편으로 연인과 싸우거나 관계가 악화되면 매우 심한 스트레스를 받아서 마음이 힘들어집니다. 이와 같이 연인이 생긴다는 것은 기쁨도 슬픔도 커지기 마련인 것이 현실입니다.

매너리즘을 예방하는 방법

아무리 소중한 사람이라 하더라도 같은 행위를 계속하면 질리는 것은 자연스러운 일입니다. 섹스 역시 마찬가지로 매번 정형화된 섹스를 계속하다 보면 만족은 하고 있지만 어딘가 무언가 부족하다는 기분을 느끼는 경우도 있습니다.

섹스의 매너리즘은 아주 조금의 일로도 해소를 할 수 있습니다. 매너리즘 타파라는 것은 SM을 시작하거나 노출을 시작하는 등 극단적으로 평소와는 다른 자극이 연상되는 경우도 있습니다만, 이와 같은 너무 강한 자극은 필살기로 아껴두고 우선은 쉽게 시험해볼 수 있는 방법으로 매너리즘을 예방합시다.

먼저 매너리즘에 빠졌을 때 가장 먼저 시도했으면 좋은 것은 체위나 환경 변화에 도전하는 것입니다. 후배위나 입위를 시도해보거나 사십팔수와 같이 다양한 체위를 시도해보는 것도 좋습니다. 몸을 움직이는 방법을 바꾸기만 해도 완전히 다른 기분을 느낄 수 있습니다. 또한 모텔에 가보거나 부엌에서 섹스를 하는 등 장소를 바꿔도 신선함이 한층 더해질 것입니다.

이외에 매너리즘을 예방하는 좋은 수단으로 서로가 기분이 좋아지는 방법을 다시 추구해보는 것을 들 수 있습니다. 어느 부분이 성감대인지 어떻게 만지면 기분이 좋아지는가를 마음을 터놓고 이야기하게 되면 섹스로 얻을 수 있는 쾌감이 매우 커져서 매너리즘을 타파할 수 있습니다. 물론 안면기승위를 좋아한다는 등 성적 취향에 대해서 밝히면 새로운 섹스 방침이 보이게 됩니다.

Column
health and physical education for over forty

성인용품

가장 빠르게 매너리즘을 타파하는 방법으로 성인용품을 들 수 있습니다. 하지만 화려한 바이브레이터를 사용하거나 극단적으로 선정적인 의상을 착용하는 것을 일방적으로 강요하는 것은 상대방에게 생각지도 못하는 부담을 줄 수 있습니다.

성인용품은 매너리즘을 예방하는 것뿐만 아니라 쾌감을 증폭시키는 측면도 있습니다. 따라서 유두가 기분이 좋은 성향이 있다면 둘이서 유두용 성인용품을 인터넷에서 찾는 등 서로의 보폭을 맞춰서 기분 좋아지는 자세로 성인용품을 이용하도록 합시다.

장래를 내다본 관계

어른의 연애에서는 결혼까지의 거리가 매우 짧아서 교제 단계에서부터 결혼이 보이기 마련입니다. 그래서 연애 중이라도 앞날을 의식하는 일은 두 사람 사이에 직접적으로 영향을 미칩니다.

장래를 내다본다는 것은 바꿔 말하자면 같이 생활을 하는 이미지를 두 사람이 굳혀 나간다는 의미입니다. 그리고 금전, 사는 장소, 양쪽의 부모, 결혼, 임신시도 등의 요소로 인해 장래의 이미지는 모양을 잡아가게 됩니다.

먼저 앞날을 좌우하는 가장 중요한 포인트가 되기 마련인 금전이란 어느 정도의 수입을 쌍방이 얻으며 얻은 수입을 어떻게 쓰는가 입니다. 결혼을 하게 되면 맞벌이를 하게 될지, 저금은 매년 얼마만큼 가능할지 여가생활에 쓸 수 있는 돈은 얼마인지를 검토하게 됩니다. 그렇기 때문에 교제 단계부터 이에 대해 이야기하는 것은 두 사람에게 있어 결혼이라는 단계까지 나아갈 수 있는지의 커다란 방침이 됩니다.

또한 이외의 요소에 대해서는 결혼을 했을 때 제대로 생활을 구축할 수 있는지에 대한 이미지를 그리기 위한 필수 항목입니다. 결혼까지는 이와 같은 장래 이미지를 굳히기 위한 각각의 요소를 수집하듯이 서로를 알아가는 일이 어른의 교제기간이 가지는 의미라고도 할 수 있습니다.

Column

감정과 현실의 교섭

어른의 연애에서는 생활을 같이 구축하는 결혼이 최종목적이 됩니다. 따라서 교제를 지속할 수 있는가 하는 판단기준은 '같이 생활할 수 있는가'라는 현실적인 척도로 재기 마련입니다.

그래서 극단적인 예를 들자면 언제까지나 꿈을 쫓아서 불안정한 생활을 하고 있는 경우에는 이 상황을 받아들여서 결혼까지 도달할 가능성이 낮아집니다. 그렇지 않아도 '좋아한다'와 '같이 살수 있을까'는 양립이 불가능한 경우가 많아서 결국에는 상대방에 대한 감정과 생활을 내다봤을 때의 현실성의 교섭이 최대치가 되는 상대와 결혼에 도달한다고 할 수 있습니다.

그렇다 하더라도 '좋아한다'라는 감정이 있기 때문에 상대방을 위해 애쓰는 마음이나 예를 들어 더욱 높은 수입을 기대할 수 있는 직장으로 이직을 하는 등의 현실 생활의 변화를 일으킬 수도 있습니다. 따라서 어디까지나 '좋아한다'라는 감정이 전제가 되고 그리고 나서 '현실을 내다볼 필요가 있다' 정도로 생각하는 편이 좋습니다.

출산 연령을 내다본 교제

여성의 생애 이벤트에는 출산이라는 남성에게는 없는 큰 이벤트가 있습니다. 그리고 출산에는 실질적으로 나이에 어느 정도 제한이 존재할 것입니다. 여성 자신이 언제까지는 출산을 하고 싶다는 의사를 가지고 있는 경우도 있습니다.

그리고 기본적으로 출산은 결혼 후에 일어나는 이벤트이자 대부분의 경우에는 계획적으로 일어날 것입니다. 그렇기에 예를 들면 '30세까지는 결혼을 하고 33세까지는 출산을 하고 둘째는 36세까지 낳고…… 그렇다면 29세까지는 남자친구를 찾아야겠네'와 같이 교제부터 출산까지 한 줄로 이어진 이미지를 가지고 있는 경우도 적지 않습니다.

그렇기 때문에 교제 단계부터 여성이 언제까지 아이를 가지고 싶은지를 이해하고 남성은 파트너의 계획을 의식하며 행동하는 것이 중요합니다. 특히 이성과의 교제는 곧바로 상대가 발견되는 것이 아니기에 1명의 이성과의 교제에 실패했다고 가정했을 때 다음 교제상대를 다시 처음부터 찾아서……와 같은 일은 매우 부담이 되어 성인 여성에게 있어서는 이와 같은 점에서 시도와 실패를 반복할 수 있는 시간이 없는 경우도 있기 마련입니다.

또한 아이를 가지고 싶지 않은 경우나 양자를 받아들이는 방법도 있습니다. 물론 이와 같은 전망에 대해서도 결혼을 하고 나서 아이를 가질 생각이 없다고 이야기를 하면 늦기 때문에 결혼 전에 교제단계부터 면밀히 서로의 의식을 공유하는 것이 중요합니다.

이러한 출산에 대한 문제는 어디까지나 기존의 가치관이 농후하게 반영되어 있습니다. 하지만 다양성이 인정받는 현대 사회에 있어서 아이를 낳지 않고 두사람이 즐거운 생활을 하는 일도 하나의 가치관입니다.

여기서 중요한 것은 어디까지나 타인의 가치관을 서로 인정하고 같이 인생을 살아가는 것입니다. '부모가 그렇게 이야기했으니까'나 '주변에서도 그러니까'가 아니라 두 사람이 정말로 어떻게 하고 싶은가 하는 점을 공유해서 출산까지 내다보는 계획을 세웁시다.

서로의 부모와의 거리감

결혼을 내다보는 어른의 연애는 파트너만 아니라 파트너의 부모와도 원만한 관계를 구축하는 것 역시 중요합니다. 하지만 우선 전제로서 최종적으로는 자신의 부모보다도 파트너를 우선하는 것이 좋습니다. 파트너에게 있어서는 상대방의 부모는 먼 존재이기는 하지만 신경을 써야만 하는 일종의 어려운 존재입니다.

그래서 파트너에 대해서 자신과 똑같이 자신의 부모에 대해서도 같은 배려심을 가지고 접했으면 좋겠다는 마음이 있더라도 이를 억지로 강요하는 것은 스트레스의 원인이 됩니다. 잘 맞는다면 그나마 문제가 없겠지만 서로의 부모와는 일정간격 거리를 두는 편이 결과적으로 쓸데없는 문제를 피할 수 있습니다.

특히 '결혼=가족 간의 교제'라는 이미지가 강한 일본에서는 어른의 연애에 있어서 교제 상대의 부모는 앞으로도 계속 친밀하게 연결이 된다는 것을 의미합니다. 따라서 예를 들어 파트너 본인과의 관계가 좋더라도 부모와 원만한 관계를 만들 자신이 없는 경우에는 커플의 관계조차 위험해질 가능성이 있습니다.

그래서 파트너나 파트너의 부모와 너무나도 가치관이 다른 경우가 예상될 때는 필요이상으로 친밀한 관계를 가지지 않는 것도 하나의 방법입니다.

Column

상대방의 본가를 방문할 때

교제기간이 길어지면 상대방의 부모에게 인사를 하러 갈 기회가 생깁니다. 이는 상대방의 부모에게 있어서는 당신이 자신들의 딸과 교제를 해도 괜찮은가, 앞으로 결혼을 해서 인척관계가 되는 데 문제가 없는지를 체크하는 시간입니다.

따라서 평소보다 더욱 정갈한 모습, 방문용 선물, 지켜야 할 매너를 전부 다 기억하고 면접을 보는 기분으로 방문을 합시다. 이때 좋은 인상을 남기게 되면 파트너의 주가도 올라가고 이후의 관계는 더욱 깊어질 것입니다.

또한 반대로 교제상대를 자신의 부모에게 소개할 때에는 화제를 적극적으로 던지는 등 상대방이 긴장을 풀 수 있도록 노력합시다. 이외에도 자신과 부모만 이야기에 열중하게 되면 파트너가 자리에 같이 있는 것이 껄끄러워지니 이 부분도 주의를 합시다.

자극보다 안정적인 생활?

연애에는 2개의 매력이 있습니다. 첫 번째는 사귀기 전이나 사귀고 나서 얼마 지나지 않을 때 느끼는 두근거림입니다. 두 번째는 파트너가 곁에 있음으로 느끼는 안도감입니다.

전자는 연애에 있어서 여성과 사귈 수 있다는 일에 대한 성취감과 제대로 잘 될지 모르는 일에 대한 불안함이 마치 동전의 앞뒷면처럼 붙어 있습니다. 이러한 자극은 일상에서 얻을 수 있는 자극 중에서 비교할 수 없을 정도로 강한 것입니다.

또한 후자의 안도감은 사람과 깊게 사귀며 얻을 수 있으며 순간적인 자극은 작으나 장기적인 측면으로 봤을 때 커다란 행복으로 이어집니다.

연애에 있어서 전자의 자극을 원하는 기간은 극히 짧다 할 수 있겠습니다. 그래서 자극을 반복하기 위해서는 아예 파트너를 바꾸거나 억지로 자극이 오는 상황을 만들 수밖에 없습니다.

예를 들어 의도적으로 싸웠다가 화해를 하는 것으로 파국의 공포와 안도감의 심리적 차이에서 큰 행복을 느끼는 점을 들 수 있습니다.

하지만 이와 같이 자극을 만들어내면 서로에게 있어 큰 스트레스를 가져올 가능성이 있을 뿐만 아니라 지쳐서 파국을 맞을 가능성도 있습니다. 자극보다도 장래를 내다보며 장기적으로 봤을 때의 행복을 생각하는 편이 좋습니다.

Column

이성친구

교제 중에 이성친구와는 어떻게 지내야 하는지는 파트너와의 상담이 필요한 항목입니다. 정답은 없기 때문에 서로가 불쾌하지 않는 포인트는 어느 부분인지를 상담하는 것이 바람을 폈다고 의심을 받는 등의 쓸데없는 문제를 피할 수 있을 것입니다.

특히, 이성친구에 관한 가치관은 사람마다 크게 다르기 때문에 금전감각과 마찬가지로 기분을 확인할 뿐만 아니라 '집단으로 만나는 건 괜찮지만 이성과 단 둘이 술을 마시러 가는 건 싫다'와 같이 선을 긋거나 규칙을 어느 정도 명확하게 하는 편이 좋습니다.

다툼과 화해

인간관계에 다툼이란 항상 있기 마련입니다. '다툴 정도로 사이가 좋다'는 말이 있지만 다투고 확실하게 화해를 하면 서로의 이해가 깊어져서 사이가 더욱 좋아지는 일도 있습니다.

어째서 다툼을 하게 되는 것일까요?

먼저 다툼에는 바람이나 비밀과 같이 명확한 이유가 있는 경우와 특별히 이렇다 할 이유가 없는 경우가 있습니다. 원인이 있는 경우에는 이야기를 할 여지가 있습니다만 후자에 대해서는 해결이 어려운 경향이 있습니다.

하지만 어째서 다툼이 일어났는지 모르는 경우도 자세히 생각해보면 다툼의 발단이 '약속 시간에 늦었다', '다른 이성에게 친절하게 대했다', '메시지 답장이 쌀쌀맞다'와 같이 매우 사소한 이유가 있습니다.

그리고 그 '사소한 이유'는 계기에 지나지 않으며 더욱 이유를 파고들어가면 사실은 서로의 스트레스 상황이나 피로가 원인인 경우가 많습니다. 우선은 스트레스나 피로가 너무 쌓이지 않도록 주의를 하고 다툴 것 같은 때에는 한발짝 물러나서 감정적이 되지 않도록 마음을 먹는 것이 중요합니다.

Column

호르몬밸런스와 다툼

파트너가 갑자기 짜증을 내서 다툼으로 발전하고 만 경우가 있지 않나요? 대부분의 경우 이는 여성 호르몬밸런스의 변화에 의한 것입니다.

여성 호르몬밸런스가 무너지고 이를 컨트롤하는 뇌의 '시상하부'가 전부 다 대응을 하지 못하게 되면 자율신경에도 영향을 미쳐서 마음과 몸에 여러 가지 부조가 일어납니다. 이를 핑계로 무슨 짓을 해도 용서받을 수 있는 것은 아니지만 자신이 컨트롤하기 어려운 것 역시 사실입니다. 이러한 점을 이해하고 나서 대하는 것이 중요합니다. 파트너가 짜증이 났을 때 평소보다 상냥한 말투로 대하거나 조용히 끌어안아줍시다.

기념일

기념일이라 한다면 서로의 생일, 크리스마스, 발렌타인 데이, 화이트 데이 정도가 일반적입니다. 연인에게 있어서 기념일은 '평소와는 다른 특별한 날'이며 '특별한 일을 하는 날'입니다.

우선 모든 기념일에 공통된 일반적인 요소는 '평소보다 비싼 저녁을 먹으러 간다'입니다. 이에 더해서 파트너의 생일이라면 파트너가 가고 싶어하는 장소에 가고 크리스마스라면 일루미네이션을 보러 가는 등 특별한 날에 맞는 데이트를 즐깁시다. 마땅히 갈만 한 곳이 없거나 집에서 느긋하게 보내고 싶은 경우에는 집에서 같이 요리를 하는 것도 괜찮습니다.

또한 사소해도 상관없으니 선물을 준비해두면 상대방이 기뻐합니다. 평소 말하기 힘들었던 감사의 마음을 전하는 기회가 될 것입니다. 무엇을 선물하는가에 대해서는 사전에 무엇을 받고 싶은지 물어보는 것도 방법 중 하나지만 가능한 한 스스로 상대방이 무엇을 원하는지를 생각합시다.

참고로 '교제를 시작한 날'도 기념을 하고 싶다는 여성도 있으니 교제시작일을 기억해두도록 합시다. 선물을 준비할 정도로 힘을 줄 필요는 없습니다만 '오늘 기념일이네'라고 한 마디를 해주면 상대방이 기뻐할 것입니다.

Column

health and physical education for over forty

선물의 예산

기본적으로 무리하지 않는 범위 안이면 충분합니다. 너무 무리해서 비싼 것을 선물하면 그 후에도 가격을 내리기가 어려워지며 상대방도 부담을 느낄 수도 있으니 적당한 것을 고릅시다. 수입이나 나이에 따라 차이는 있습니다만 생일·크리스마스에 약 20만원 정도가 보통입니다.

또한 선물에 대한 감각은 사람에 의해 크게 다르기 때문에 선물 금액 이상으로 선물을 통해서 두 사람이 무엇을 체험하는지를 확실히 이야기해서 생각합시다. 선물 대신에 여행에 가고 같이 즐길 수 있는 게임기를 사는 등 일방적으로 물건을 사서 보내는 것만이 선물은 아닙니다.

데이트 소재가 떨어졌다면?

교제기간이 길어지고 데이트도 회를 거듭하면 점점 소재가 고갈되기 마련입니다.

먼저 소재가 떨어졌다고 해서 조급할 필요는 없습니다. 데이트의 목적은 '함께 시간을 보낸다'는 것이기에 억지로 소재를 만들지 않아도 같이 TV를 보거나 거리를 산책해보는 것도 괜찮습니다. 오히려 억지로 목적을 만들려 해서 '어떻게 하지?', '뭘 하지?'라며 닦달하면 상대방도 곤란해지고 '자 그럼 돌아갈까', '다음에 다시 만나자'라는 전개가 될 수도 있습니다.

그렇다고 해서 너무 지루한 데이트만 하면 파트너가 환멸을 느낄 수도 있습니다. 너무 기를 쓰고 찾을

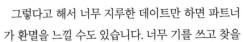

필요는 없지만 적극적으로 데이트 소재를 생각해둡시다. 데이트 소재를 찾는 것은 아래 내용을 참고하기 바랍니다.

과거에 같이 갔던 장소에 다시 한번 가본다

처음 데이트를 했던 장소나 두사람이 좋아하는 장소를 다시 한번 가보는 것을 추천합니다. 당시의 추억이 되살아나서 대화도 즐거워질 것입니다.

계절 이벤트를 구경하러 간다

정기적으로 기회가 찾아오기에 이야기를 꺼내기 쉬우며 사계절을 느낄 수 있습니다. 계절이벤트에는 봄에는 벚꽃구경이나 딸기따기체험, 여름에는 해수욕이나 축제, 가을에는 단풍 구경이나 할로윈, 겨울에는 일루미네이션이나 스키 온천……등이 있습니다.

이러한 계절 이벤트는 여러 군데에서 열리는 만큼 몇 년이고 즐길 수 있습니다. 예를 들어 벚꽃 명소만 하더라도 셀 수 없을 정도로 곳곳에 있기 때문에 해마다 장소를 바꾸면 계속해서 즐길 수 있습니다.

지속적으로 가능한 일

'맛있는 카레 가게 순례'이나 '여러 동물원 방문' 등 한 번에 끝나지 않고 몇 번이고 계속

할 수 있는 방침도 좋습니다. '저번에 먹었던 카레가 더 맵고 맛있었다', '이번에 간 동물원은 지난 번보다 펭귄 전시가 잘 꾸며졌다' 등 서로가 취향이나 가치관도 쉽게 알 수 있는 것 역시 장점입니다.

'~순례'를 하고 있으면 분명 재미없는 장소에 가게 되는 일도 있을 것입니다. 그런 싫은 것에도 '그건 맛이 없었다', '거기는 재미없었다'와 같이 안 좋은 감상을 서로 웃으며 이야기할 수 있는 관계가 되는 것도 중요합니다.

두 사람 다 지금까지 해본 적 없는 것에 도전한다

카메라, 스키, 낚시, 당구, 조깅, 배팅센터 등 미지의 세계로 뛰어드는 것도 좋습니다.

두 사람이 새로운 일에 도전하는 일은 신선함도 있으며 같이 갈고 닦는 것을 통해 사이가 깊어집니다. 또한 서로가 처음이기 때문에 '잘 못하면 꼴불견이겠네'와 같은 걱정도 없습니다.

내려본 적 없는 역에 내린다

모르는 곳을 돌아다녀보면 눈에 들어오는 모든 것이 신선한 느낌이 듭니다. 그냥 산책을 하는 것만으로도 새로운 발견이 있으며 생각치도 못한 분위기 좋은 장소나 예상치 못한 맛있는 가게를 발견하는 경우도 있습니다.

또한 사전에 인터넷으로 찾아보지 않는 쪽이 해프닝이 일어나기 쉬우며 평소에는 눈치채지 못하는 재미있는 일이 벌어질 가능성이 높아집니다.

Column

데이트와 기록

데이트를 거듭하면 추억은 착실하게 쌓입니다. 하지만 사진이나 기념품 등 그때의 기분을 물건으로 남기는 일로 더욱 추억이 깊어질 것입니다. 특히 놀러간 곳에서 찍은 사진을 일부러 인쇄를 해서 앨범을 만들면 두 사람이 사진을 돌아보는 것만으로 즐거운 일이 됩니다.

또한 사진을 찍어서 모아두는 일은 미래에 있을 결혼식에서 두 사람의 만남을 표현하는 동영상이나 식장의 장식 등에도 큰 도움이 됩니다. 사진을 인쇄하는 데 저항감이 있는 경우에는 소셜 미디어나 두 사람이 사진을 공유할 수 있는 서비스를 이용해서 서로가 찍은 사진을 한곳에 집약해 놓은 것을 보며 추억을 떠올리는 것도 좋습니다.

권태기

교제를 이어 나감에 따라 발생가능성이 높아지는 것은 권태기입니다. 연락이 귀찮아지거나 상대방의 말에 바로 짜증이 나거나… 같은 일이 많아지는 시기입니다. 아무리 사이가 좋은 커플이라도 100%라고 해도 좋을 정도로 경험하는 것이기에 '아 이게 권태기구나' 정도로 생각하면 냉정하게 넘길 수 있을지도 모릅니다.

그렇다면 어째서 권태기에 빠지는 것일까요? 그것은 단적으로 말하자면 '파트너와의 대화에 익숙해져서 질렸기 때문'입니다. 막 사귀었을 때는 두근두근하거나 서로 신경을 써서 접근을 했는데 점점 익숙해져서 대충 대하게 되었다…와 같은 경우입니다.

가본 적 없는 장소로 데이트를 가보고 새로운 일에 도전을 해보는 등 서로에게 질리지 않는 노력을 해보면 분명히 개선될 것입니다. 또한 시간이 지남에 따라 서로의 안 좋은 부분이 눈에 띄게 되는 일도 이유 중에 하나입니다.

원래 완벽한 인간은 없기 때문에 안 좋은 부분은 시간과 함께 자연스레 엿보이기 마련입니다. 상대방의 싫은 부분을 배제할 수 있다면 짜증을 내는 일도 없어질 것입니다. 하지만 상대방의 안 좋다고 생각하는 부분은 사실은 좋은 것일지도 모릅니다.

걸음걸이가 느리다, 말투가 느리다 등에 짜증을 내도 사실은 그러한 차분하고 너그러운 특성이 좋아서 만나는 것 아닐까요? 자신이 약속시간에 늦더라도 전혀 문제없다고 이야기해주는 등 이러한 특성에 의해 도움을 받는 일도 있지 않나요? 이와 같이 일률적으로 상대방의 싫은 부분을 배제하지 않고 인정하는 일도 필요합니다. 마찬가지로 자신의 특성이 받아들여지는 일도 필요합니다. 이와 같은 상호이해를 위해 자기 혼자서 해결하지 말고 같이 이야기하는 것이 중요합니다.

동거의 장점&단점

교제를 진행하면 시야에 들어오게 되는 것이 동거입니다. 실제로 약 35%의 커플은 동거를 거쳐서 결혼하고 있습니다. 동거에는 찬반양론이 있어서 일률적으로 '하는 편이 좋다, 하지 않는 편이 좋다'라고 잘라 말할 수 없으며 한번 동거를 시작하면 관계를 해소하기가 어려우니 잘 생각해보고 판단을 해야만 합니다. 특히 어른의 연애에서는 동거를 시작한다는 것은 거의 결혼이 결정되었다고 할 수 있는 수준입니다.

우선 동거이 장점으로 가장 큰 것은 결혼생활을 시뮬레이션 가능하다는 점입니다. 생활을 같이 하면 상대방의 좋은 점도 나쁜 점도 보입니다. 결혼 전에 서로를 충분히 이해하고 반려자로서 더욱 확실한 판단을 할 수 있습니다. 설사 이별을 하게 된다 해도 호적에는 이혼이라고 남지 않는 것 역시 장점입니다.

또한 동거를 결혼까지의 단계로 생각한다면 집세나 광열비 등의 생활에 들어가는 돈이 절약되는 만큼 결혼비용으로 돌릴 수 있으니 금전적인 결혼준비로도 효과가 있습니다.

단점으로는 먼저 결혼과의 경계선이 애매해지는 점입니다. 결혼과의 차이를 느끼지 못하고 호적에 신고하지 않은 채로 미적거리며 현상태를 유지하려 하게 됩니다. 어른들끼리 하는 동거에서는 특히 결혼 판단을 뒤로 계속해서 미루는 일은 하지 않는 것이 좋습니다.

또한 매일 생활을 같이 하는 것으로 상대방에 대해 두근거림이 옅어지는 일도 있을 수 있습니다. 너무나 당연한 존재가 되어서 섹스리스로 이어진다는 것도 흔히 접하는 이야기입니다. 동거를 하고 있더라도 연인사이. 가능한 한 상대방의 알몸을 보지 않는 등의 노력도 필요하게 됩니다.

이와 같이 동거에는 여러 가지 장점, 단점이 있습니다. 자신과 파트너와의 관계성이나 생활을 잘 생각하고 판단합시다.

오늘도 힘드네…
다녀왔어~.

응?

저녁식사 준비해줬구나…!
괜찮다고 했는데!

짜~
잉!!

어서와요
렌지에 데워서
먹어요!

좋아 그럼
나도 답례를!

'야근 수고했어!
주먹밥 만들어 놨어'……라고.

슈크림도 사왔지만
그 녀석이 있다면
전부 다 먹었겠지.

신인데도 뭘 그리
욕심이 많아서.

……

여자친구와 동거를
시작한 지 반년이 지났다

여자친구와의
생활은 즐겁다.

하지만 쿠피드가
이야기한 대로
누군가와 산다는 것은
불편하고 귀찮은 일도 많다.

하지만 여자친구와
함께라면 극복할 수 있어.

같이 살면서 이런 생각은
더욱 깊어졌다.

아 잘 잤어?
주먹밥 잘 먹었어요.

아 수고했어

하지만 슈크림 없던데?
배고파서 전부 다
먹었어요?

으엑!!

1개만 먹으라고 했더니
전부 다 처먹었어!!

모습은 안 보이지만
분명히 있어!!
그 곤충 같은 녀석이!!

대세 무슨 일이야??

신에게 바치는 공물은
전부 다 받아 줘야지.

우물 우물 우물

폭력강욕여신 쿠피드…
터무니없는 녀석이었다.

40세가 막 되었던 그때는
이런 미래는 상상도 못했다.

슈크림 대신
오늘 밤에
베트남요리
먹으러 갈까

'40세니까 무리'를
'40세니까 도전해보자'로 바꾸고
등을 찔러댔다.

와~
기대하고
있을게!!

덕분에 이 미소가
내 곁에 있다.

이렇게 우리는
결혼신고를 하게 되고

내년에는 3명이서
살게 될 것 같다.

잔뜩 찔려서 단련된 등으로
가족을 짊어지고 가는 모습을
지켜봐줘!

공물 보고 결정해야겠네…
하라주쿠에서
대기시간 2시간인
최신 디저트로 부탁해.

ARTICLE
매칭 어플리케이션의 현상태와 공략법에 대해

2010년대 중반 이후 여러 가지 매칭 어플리케이션이 출시되어 남성 여성을 가지리 않고 이용하기가 쉬워진 것 같습니다. 그렇다 하더라도 과연 진짜로 매칭이 되는 것일까요? 매칭되기 위한 요령 같은 것이 있을까요? 그래서 'with(위즈)'를 운영하는 주식회사 이그니스에서 'with'의 플래너를 담당하는 이시게 겐타로씨와 이야기를 나눠보겠습니다.

Interview

———먼저 말씀을 묻겠습니다만 매칭 어플리케이션에서 사람을 만날 수 있는지요?

이시게   제 입장에서는 '못 만난다'라고는 이야기를 못 드리지요(웃음).

하지만 만날 수 있는 가능성은 확실하게 높습니다. 왜냐하면 여성들도 어플리케이션을 이용하게 되었으니 매칭될 가능성도 높을 것입니다.

———여성들이 많다고 하시니 한 10년 전 정도의 '만남 사이트'의 음성적 시대와는 많이 바뀌었네요. 여성들이 등록하기 쉬워진 이유는 무엇인가요?

이시게   지금의 매칭 어플리케이션은 그런 음성적인 이미지를 불식시키려고 적극적으로 노력을 하고 있으며 실제로 운영도 투명하게 될 수 있도록 노력하고 있습니다. 예를 들어 여성들이 보기에 이미지가 나빠지지 않으려면 어떻게 광고를 해야 하는지를 항상 고심하고 있으며 사용자들이 가능한 한 쾌적하게 이용할 수 있도록 엄격하게 본인확인을 하고 감시체계 구축에도 노력하고 있습니다.

특히 업자 대책에 힘을 쏟고 있는데 어플리케이션 안에서 다른 서비스로 이동하는 것을 종용하는 '업자'들이 판치지 못하도록 감시하고 있습니다. 물론 여자를 사칭하는 사기꾼은 전혀 없습니다.

———화제를 바꿔서, 만나기 위한 요령이 있다면 알려주세요.

이시게   다른 매칭 어플리케이션도 똑같으리라 생각합니다만 사진이나 프로필을 충실하게 작성하는 것이 중요합니다. 초보적인 일이라 생각할지도 모르겠습니다만 많은 남성분들은 모처럼 어플리케이션에 등록을 해놓고도 사진을 등록해놓지 않거나 프로필을 제대로 작성하지 않기도 합니다.

매칭 어플리케이션을 이용하는 여성들은 남성들의 사진과 프로필을 보고 상대방이 괜찮은가를 판단하기 때문에 반드시 등록을 해야 합니다.

——————매칭이 잘되는 사진이나 프로필은 어떤 것들이 있나요?

이시게   일단 사진 같은 경우에는 얼굴을 클로즈업하는 건 NG입니다. 사진 사이즈와 비교해서 너무나도 얼굴크기 비중이 크면 박력이 심하게 넘쳐서 여성들이 싫어합니다. 얼굴 비율은 사진 전체에 대해서 1/4 정도로, 복장이나 배경 등 그 사람의 분위기가 잘 나타나는 사진이 좋습니다. 대부분의 남성들은 사진을 찍힐 기회가 없어서 매칭 어플리케이션에 등록하는 단계에서 셀카를 찍어서 등록을 하는 경우가 많은데 가능하면 다른 사람이 찍어준 사진 쪽이 자연스러운 느낌이 들어서 매칭이 잘 될 것이라 생각합니다.

프로필은 주로 취미에 대해서 확실하게 써놓는 것이 중요합니다. 여성이 '이 사람 끌리네'라고 사진을 보고 그 다음에 프로필을 읽으려 했지만 아무것도 써 있지 않으면 어떤 사람인지 모르기 때문에 매칭이 되지 않는 경우도 있습니다. 'with'에서는 취미를 선택해서 등록할 수도 있으며 등록된 취미 정보에 익해 매칭 알고리즘이 작동하기에 꼭 취미 정보를 등록하는 편이 좋습니다!

——————매칭되면 어떻게 해서 실제로 만나면 될지요?

이시게   어플리케이션 상에서 어느 정도 메시지를 주고받은 다음에 다른 메시지 어플리케이션으로 이동해서 데이트로 연결되는 경우가 많습니다. 메시지에서 쓰는 말투는 사람마다 다르기 때문에 경어를 써서 대화를 하는 사람도 있는 반면에 가벼운 느낌으로 대화를 하는 사람도 있는 것 같으니 상대방에게 맞추는 편이 좋다고 봅니다. 참고로 첫번째 데이트는 카페나 점심식사와 같은 경우가 많은 것 같습니다. 낮 시간대 쪽이 안심이 된다는 이유일지도 모릅니다 지방의 경우에는 드라이브라는 이야기도 들은 적이 있습니다. 그 다음으로는 데이트를 몇 번 거듭하고 사귀게 되는 편입니다.

with 위즈   URL https://with.is/

'with'는 어플리케이션과 사이트 상에서 만나고 싶은 상대를 찾는 등록무료 서비스입니다. 만남이 없다, 결혼활동을 하고 싶다 같은 고민을 가진 여성들과 남성들이 성격진단이나 공통 지역에서 만나고 싶은 상대를 발견합니다. 멘탈리스트 DaiGo감수 진단 이벤트도 개최 중! 여성은 완전 무료입니다. 'with'로 멋진 만남과 결혼활동을 해보세요.

후기

여러분들은 어렸을 때 꿈꿔왔던 '어른'이 되었나요?

다양한 생활방식이나 가치관이 인정받아서 예전에는 당연하다고 여겨졌던 생활방식을 하지 않더라도 어느 정도는 지장이 없습니다. 그리고 물론 연애, 결혼에 대해서도 자유가 인정받고 있기에 여자친구가 없다고 해서 크게 불리해지는 일도 없습니다.

하지만 한편으로는 마음대로 해도 상관없는 환경인 만큼 연애나 결혼의 본질적인 가치가 더욱 선명하게 드러나는 시대입니다.

매칭 어플리케이션을 남녀 모두 이용하고 결혼활동 비즈니스가 일반화된 점에서도 알 수 있듯이 '누군가와 이어지는 일도 이어지지 않는 일도 강요할 수 없는 시대'인 만큼 '역시 사람과 이어지고 싶다'라는 의식에 눈뜨고 연애를 해보려고 노력해도 '여자에 목숨 건다'고 비난을 사는 일도 없을 것입니다.

게다가 각종 서비스에서 수준이 올라간 추천시스템이 남녀의 만남에도 적용되어 만남에서 교제로 이어지는 확률이 올라가고 있습니다.

물론 채널의 다양성도 잊어서는 안됩니다. 가볍게 연애가 하고싶은 사람, 결혼하고 싶은 사람, 이성 친구가 필요한 사람, 그리고 어른 대상인 것 등 목적에 맞춰서 많은 서비스가 존재하며 어떤 서비스에서도 남녀 비율이 극단적으로 쏠리지 않기 때문에 일정 성과를 기대할 수 있습니다.

이와 같이 현대사회는 연애를 원하는 사람들에게 있어 천국 같은 시대이며 움직이기만 한다면 매우 높은 확률로 파트너를 찾을 수 있을 것입니다. 남은 문제는 자신의 굼뜬 행동밖에 없습니다. 조금이라도 이성과 이어지고 싶다는 기분이 머리 속 한구석에 있다면 '행동' 말고 다른 선택지는 없습니다.

시간은 유한합니다. 눈치를 보는 사이에 눈 깜짝할 사이에 또 10년 20년씩 나이를 먹게 될 것입니다. 시간은 잔혹할 정도로 빨리 흐릅니다. 아무튼 '30세의 보건체육'에서 벌써 10년이니까요.

40세의 보건체육

초판 1쇄 인쇄 2020년 11월 10일
초판 1쇄 발행 2020년 11월 15일

저자 : 미츠바
번역 : 이재경

펴낸이 : 이동섭
편집 : 이민규, 탁승규
디자인 : 조세연, 김현승, 황효주, 김형주, 김민지
영업 · 마케팅 : 송정환
e-BOOK : 홍인표, 유재학, 최정수, 서찬웅
관리 : 이윤미

㈜에이케이커뮤니케이션즈
등록 1996년 7월 9일(제302-1996-00026호)
주소 : 04002 서울 마포구 동교로 17안길 28, 2층
TEL : 02-702-7963~5 FAX : 02-702-7988
http://www.amusementkorea.co.kr

ISBN 979-11-274-4029-9 13690

Health and physical education for over forty
© Mitsuba 2018
All Rights reserved.
First published in Japan in 2018 by ICHIJINSHA Inc., Tokyo.
Korean translation rights arranged with ICHIJINSHA Inc., Tokyo.

이 책의 한국어판 저작권은 일본 ICHIJINSHA와의 독점계약으로
㈜에이케이커뮤니케이션즈에 있습니다.
저작권법에 의해 한국 내에서 보호를 받는 저작물이므로 무단전재와 무단복제를 금합니다.

이 도서의 국립중앙도서관 출판예정도서목록(CIP)은 서지정보유통지원시스템 홈페이지
(http://seoji.nl.go.kr)와 국가자료공동목록시스템(http://www.nl.go.kr/kolisnet)에서 이용
하실 수 있습니다. (CIP제어번호: CIP2020044423)

*잘못된 책은 구입한 곳에서 무료로 바꿔드립니다.